하나의 동아시아

동아시아 경제공동체, 통합과 공존의 모색

하나의 동아시아

동아시아 경제공동체, 통합과 공존의 모색

2010년 4월 15일 초판 1쇄 인쇄
2010년 4월 19일 초판 1쇄 발행

지 은 이 | 박번순
펴 낸 곳 | 삼성경제연구소
펴 낸 이 | 정기영
출판등록 | 제302-1991-000066호
등록일자 | 1991년 10월 12일
주　　　소 | 서울시 서초구 서초2동 1321-15 삼성생명 서초타워 30층
　　　　　　전화 3780-8153, 8213, 8003(기획), 3780-8084(마케팅)
　　　　　　팩스 3780-8152
　　　　　　http://www.seri.org　seribook@seri.org

ISBN | 978-89-7633-417-6　04320
　　　　978-89-7633-211-0(세트)

삼성경제연구소 도서정보는 이렇게도 보실 수 있습니다.
인터넷 홈페이지에서 → SERI 북 → SERI 연구에세이

SERI
연구에세이

106

하나의 동아시아

동아시아 경제공동체, 통합과 공존의 모색

박번순 지음

삼성경제연구소

동아시아에 변화가 일고 있다

버락 오바마 미국 대통령은 2009년 11월 13일부터 19일까지 취임 후 처음으로 아시아를 순방했다. 싱가포르에서 열린 아시아태평양경제협력체(APEC) 정상회의(14~15일)에 참석하는 길에 아시아 주요국인 일본, 중국, 한국을 방문한 것이다. 그의 아시아 순방 목적은 분명했다. 글로벌 금융위기에도 불구하고 아시아에 여전히 미국이 존재한다는 사실을 인식시키자는 것이었다. 11월 13일 일본에 도착한 오바마 대통령은 도쿄에서 하룻밤을 묵고 다음 날 일본 국왕과 만났는데, 국왕과의 면담 사진이 세인의 관심을 끌었다. 오바마 대통령이 아키히토 국왕에게 90도로 숙여 인사를 하고 있었기 때문이다. 미국에서는 비판이 일었지만 오바마 대통령은 미국이 아시아에서 더 이상 과거와 같은 우월적 지위로 존재할 수 없다는 사실을 잘 인식하고 있는 듯했다.

한편 일본 민주당의 실력자 오자와 간사장이 2009년 12월 베이징과 서울을 방문했다. 12월 10일 중국 방문 시에는 국회의원 143명과 민간인 등 650여 명에 달하는 사상 초유의 대규모 인원이 그를 수행하여 마치 중세 시대의 조공 방문이 현대에 재현된 것 같다는 평가를 받기도 했다.[1] 비록 현직 총리는 아니었지만 집권당의 실질적인 대주주라는 점에서 중국정부도 정상급 예우를 하면서 후진타오 주석이 직접 오자와 간사장을 만나 중국과 일본의 관계 개선을 희망했다.

오자와 간사장은 12월 12일에는 철저히 개인 자격으로 서울을 방문했다. 물론 이명박 대통령과 만찬을 함께했지만, 그의 한국 방문 일정 중 하나는 한국 바둑계의 원로인 조훈현 국수와 바둑을 둔 것이다. 그가 한가하게 바둑을 두면서 무슨 생각을 했는지는 알 수 없다. 바둑을 끝내고 오자와 간사장은 "한 부문에만 집중하다 보면 다른 것은 보이지 않게 되는데, 정치뿐만 아니라 모든 부분에서도 전체적인 면을 보고 앞으로의 흐름을 잘 읽어나가야 한다."라고 말했다. 중국 및 한국 방문의 형식과 내용에서 오자와 간사장이 보인 차이에 어떤 배경이 있는지는 알 수 없다. 다만 그에게 한국은 좀 더 친근한 국가가 아니었을까? 그는 바둑판에서 일본의 동북아시아, 나아가 동아시아 전략을 구상하지 않았을까?

---

1 Japan and China – The Shogun and the emperor. (2009. 12. 19 ~ 2010. 1. 1.). *The Economist*, p. 48.

한편 오자와의 뒤를 이어 12월 14일에는 중국의 차세대 지도자로 인정받는 시진핑 공산당 부주석이 일본을 방문했다. 그는 14일 저녁 일본의 하토야마 총리와 만나 양국의 관계를 전략적 호혜 관계로 확대, 발전시켜 나간다는 데 합의했다. 또 15일에는 논란이 따르기는 했지만 일본 국왕과도 면담했다. 일본에서 국왕을 예방하기 위해서는 30일 이전에 문서로 요청해야 하지만 오자와가 이를 어기고 시진핑을 국왕과 만나게 했다는 비판을 받았던 것이다. 이후 시진핑 부주석은 12월 16일 밤 도쿄에서 서울로 날아와 한국 정계의 주요 지도자들과 면담했다. 그는 서울을 방문하기 전부터 한중 FTA 및 동아시아 공동체를 추진해야 한다고 목소리를 높였다.

　동아시아에 변화의 바람이 일고 있다. 동아시아는 글로벌 금융위기에도 살아남았고, 많은 사람들은 이제 동아시아의 시대가 도래할 것으로 예상하고 있다. 주요국 지도자들이 자국의 이해를 바탕으로 치밀한 전략을 준비하고 있는 것도 이 때문이다. 그래서 세계 최강국인 미국의 대통령은 자국 국민들을 놀라게 하면서 일본 국왕에게 깍듯한 예를 취하고, 일본의 오자와는 바둑판에서 전략을 구상하고 있는 것이다. 새롭게 떠오르는 중국의 지도자 역시 동아시아의 결속을 외치고 있다.

돌아보면 현재 동아시아, 특히 아세안(ASEAN)+3 체제의 형성에 한국은 가장 중요한 역할을 담당했다. 아세안+3 체제의 협력 프로그램을 만든 동아시아비전그룹(EAVG : East Asia Vision Group)과 동아시아연구그룹(EASG : East Asia Study Group)을 우리 주도로 만들어 협력 프로그램을 제시했던 것이다. 동아시아자유무역지대(EAFTA : East Asian Free Trade Agreement), 동아시아의 통화 협력, 동아시아 정상회의(EAS : East Asian Summit) 등이 그러한 예이다. 그러나 참여정부 이후 한국의 동아시아 전략은 동북아로 축소되었고, 이명박정부는 신아시아 외교를 추진하고 있지만 G20 등 보다 거대한 과제를 놓고 씨름하느라 동아시아 문제에는 상대적으로 관심이 덜한 듯하다.

이런 상황에서 중국이 2009년 독일을 제치고 최대의 수출국으로 떠올랐으며, 2010년에는 일본을 제치고 세계 2위의 경제대국이 될 전망이다. 2008년 이후 세계 GDP 성장에 대한 기여율은 미국보다 크다. 명실상부하게 미국과 함께 세계 경제를 이끄는 쌍두마차 역할을 하면서 이른바 '베이징

컨센서스(Beijing Consensus)'를 세계에 전파할 태세이다. 그렇지만 세계적 플레이어가 되기 위해서는 아직 소프트 파워를 더욱 갖춰야 되고, 이 때문에 동아시아의 협력을 필요로 한다. 지금 중국은 한국 및 일본과의 관계 개선 및 협력 강화를 희망한다. 또한 아세안의 협력을 얻기 위해 막대한 돈을 쏟아붓고 있다.

일본에서는 민주당이 2009년 8월 총선에서 대승을 거두면서 보수정권 자민당의 50년이 넘는 장기 집권을 끝냈다. 국민들은 변하지 않는 자민당 정부 대신에, 경험은 없지만 신선한 바람을 불러올 것이라는 기대를 담아 민주당 정부를 선택했다. 민주당 정부는 과거의 미국 일변도 외교 정책에서 벗어나 동아시아 공동체의 창설을 주장하고 있다. 사실 2009년은 일본경제에 매우 중요한 한 해였다. 바로 일본의 동아시아(아세안+3, 홍콩, 대만) 수출이 전체 수출의 절반을 넘은 52.4%에 이르렀기 때문이다. 일본의 동아시아 수출은 2001년 39.2%에서 2008년 47.9%까지 지속적으로 늘어났으나, 50%를 넘은 적은 한 번도 없었다. 하토야마의 동아시아 공동체는 일본경제의 높은 동아시아 의존도를 반영한 것이다. 일본이 동아시아 공동체를 강조하며 '탈미입아(脫美入

亞)' 정책을 외치면서 미국과 일본의 50년 동맹 관계에도 균열이 나타나기 시작했다.

동아시아(아세안+3) 체제는 1997년 동남아시아에서 발생한 외환위기가 지역적인 문제라는 공동 인식에서 출범했다. 동아시아는 장기 비전으로 동아시아 공동체를 형성하기로 하고 많은 노력을 기울였다. 그러나 10년이 훌쩍 지난 지금 그 성과가 기대에 부응했다고 보기는 어렵다. 오히려 중국의 고도성장, 글로벌 금융위기 이후 선진국의 수입 수요 정체, 글로벌 불균형의 해소 등 역내 경제 안정에 영향을 줄 새로운 과제에 직면하고 있다. 즉 역내에서 시장을 창출하고 경제적 불확실성을 없애기 위해 협력해야 할 시점인 것이다. 다행히도 한국, 중국, 일본은 2010년 동북아 FTA의 가능성을 검토하기 위해 정부, 학계, 재계가 참석하는 산 · 관 · 학 공동 연구를 시작한다.

그렇지만 아세안+3의 협력은 다양한 의견이 등장하면서 답보 상태를 벗어나지 못하고 있다. 여기에 역외에 있는 미국, 인도, 호주 등은 아세안+3만의 동아시아 경제통합에 반대하고 있다. 중국의 영향력 확대를 우려한 일본도 이들 국가에 동조하면서 아세안+3 외에 인도, 호주, 뉴질랜드가 참여하는 아세안+6 체제가 병렬적으로 존재하게 되었다.

이 책은 1997년 동아시아의 외환위기 이후 2009년까지의 동아시아 경제 협력 체제의 변화를 살펴보고, 동아시아 역내 무역 구조의 특징과 글로벌 금융위기의 영향 등을 분석하여 왜 아세안+3 및 홍콩과 대만을 포함하는 동아시아 경제공동체를 창설해야 하는가를 설명한다. 또한 동아시아 경제공동체 형성에서 한국의 역할은 무엇이고 어떻게 대응해야 할지 살펴볼 것이다.

2010년 4월

박번순

차 례

1

동아시아는
어떻게 협력해왔는가?

01

위기가 열어준 협력의 창

더 이상 기적을 만들지 못하는 성장 모델

제2차 세계대전 직후 폐허와 다름없던 동아시아는 1970년 대와 1980년대 고도성장을 통해 놀라운 성취를 이루어냈다. 1인당 소득과 평균 수명이 늘어나면서 삶의 질은 높아졌다. 일본에서 시작된 고도성장은 한국, 대만, 홍콩, 싱가포르 등 아시아 신흥공업국(NIEs : Newly Industrializing Economies)을 거 쳐 말레이시아, 태국, 인도네시아 등으로 확산되었다. 이들 은 1965~1990년 동안에 세계 다른 어떤 지역보다 빠르게 성장했다. 크루그먼(Paul Krugman) 같은 학자들이 동아시아 는 생산성 상승보다 요소 투입으로 성장했기 때문에 고도 성장이 지속되기 어려울 것이라고 주장하기도 했으나[1] 동 아시아의 경제 성장은 전후 세계의 시장경제 진영이 보여준 역동성의 상징이었고, 그래서 세계은행(World Bank, IBRD)은 동아시아의 성장을 연구하면서 이를 기적이라고 평가했다.[2]

경제 개발 초기 섬유산업과 같은 노동집약적 경공업에서 시작한 제조업은 철강, 전자, 자동차 등으로 고도화되었지만, 동아시아는 여전히 대부분의 제조업에서 강력한 경쟁력을 갖고 있다. 중국은 2007년 세계 의류 수출의 34%를 차지했으며[3] 일본과 한국의 자동차 및 한국과 대만, 중국의 IT 하드웨어 제품은 세계 시장을 지배하고 있다. 또한 싱가포르 및 말레이시아의 IC 부품이 없다면 세계의 전자산업이 제대로 작동하지 못할 것이다.

1960년대 이후 동아시아의 발전 과정을 되돌아보면, 역내 국가들이 흔히 '안행형(雁行型) 발전'이라 불리는 순차적인 성장을 달성했음을 발견할 수 있다.[4] 1950년대와 1960년대 일본, 1970년대와 1980년대 NIEs, 1985년부터 1990년대 중반까지의 선발 아세안(ASEAN, 동남아시아국가연합), 1990년대

---

1 Krugman, Paul (1994). The Myth of Asia's Miracle. *Foreign Affairs*, 73(6), 62–78.
2 World Bank (1993). *The East Asian Miracle : Economic Growth and Public Policy.* Oxford : Oxford University Press.
3 WTO (2008). International Trade Statistics 2008, p. 41.
4 원래 안행형 모델은 섬유산업의 수입 → 생산 → 수출의 기술적 추격 과정이 기러기 떼가 날아가는 모습과 같다는 데에서 나왔다. 이후 산업이 선진국에서 태동해 성숙 단계를 지나 사양화하면 후진국으로 이전하는 현상과 이를 통한 후발국의 선발국 추격을 설명하고 있다. 안행형 모델의 경제적 원리는 산업별로 요소집약도가 다르며, 국가들은 요소부존도의 차이에 따른 비교우위를 갖고 있다는 것이다.

이후의 중국이 공업화와 수출 주도형을 통해 고도성장을 달성했던 것이다. 즉 동아시아의 역내 후진국은 노동력에 비교우위를 갖고 선진국의 사양 산업을 이전받아 수출 산업으로 육성했으며 동아시아 전체는 공산품 수출국으로 부상했다. 그 결과 세계 수출에서 차지하는 동아시아의 비중은 1990년대 중반까지는 급격히 증가했다. 예컨대 동아시아의 비중은 1970년 10.4%에서 1980년 14.8%, 그리고 1995년 26%로 급증했다. 이 기간에 선발국이었던 일본과 NIEs의 세계 시장 점유율은 각각 6.7% 및 2.3%에서 8.7% 및 10.5%로 높아졌다.

안행형 모델에서 동아시아의 수출 시장은 미국 시장을 중심으로 한 역외 시장이었다. 1980년대 중반까지 일본, 한국 등 역내 선진국의 미국 시장 의존도는 지속적으로 증가하여 1987년 한국의 대미 시장 의존도는 38.9%, 일본은 36.8%, 싱가포르는 24.4%에 이르렀다. 후발주자인 말레이시아 및 태국은 일본, 한국 등의 투자에 의해 1990년대 들어 대미 시장 의존도가 가장 높아졌는데, 말레이시아는 1993년 20.3%, 태국은 1990년 22.7%에 이르렀다.

1990년대 초 이후에는 중국이 경제대국으로 부상하면서 미국 시장에서 동아시아 국가들과 경쟁하기 시작했다. 중국의 수출이 급증하면서 세계 시장에서 다른 동아시아 상품은 경쟁력을 잃기 시작했고 수출 또한 정체되었다. 중국의 수

● 표 1-1   세계 수출에서 차지하는 지역별 비중 추이(1970~2008년)   (단위 : %)

	동아시아		일본		NIEs		동남아 5개국		중국	
	세계	미국	세계	미국	세계	미국	세계	미국	세계	미국
1970	10.4	22.0	6.7	14.7	2.3	4.8	1.4	2.6	–	–
1980	14.8	24.7	7.1	12.8	4.2	7.2	2.6	4.3	1.0	0.5
1985	19.5	35.0	9.5	20.0	6.1	10.8	2.4	3.1	1.5	1.2
1990	21.1	36.8	8.5	18.1	8.0	12.1	2.7	3.5	1.9	3.1
1995	26.0	39.6	8.7	16.6	10.5	11.0	3.9	5.8	2.9	6.1
2000	26.2	34.9	7.5	12.0	10.4	9.2	4.4	5.5	3.9	8.2
2003	25.8	34.0	6.3	9.4	9.7	7.4	4.0	5.1	5.8	12.1
2006	27.0	34.3	5.4	8.0	9.5	5.9	4.0	4.9	8.1	15.5
2007	26.9	34.2	5.1	7.4	9.1	5.7	3.9	4.6	8.8	16.5
2008	26.3	32.2	4.9	6.6	8.6	5.1	3.9	4.4	8.9	16.1

주 : NIEs는 한국, 대만, 홍콩, 싱가포르이며, 동남아 5개국은 말레이시아, 태국, 인도네시아, 필리핀, 베트남을 가리킨다.
자료 : 무역협회, 대만 통계국.

출이 증가했지만 동아시아의 세계 수출 비중은 1990년대 중반부터 제자리에 머물렀다. 즉 그 비중은 2008년 26.3%에 그쳐 1995년 26%에 비해 거의 늘어나지 않았다. 일본의 세계 시장 점유율은 1985년 이후, NIEs의 점유율은 1995년 이후, 그리고 동남아 5개국의 점유율은 2000년 이후 줄어들었다. 동아시아 선발국의 비중 감소는 중국의 비중 증가로 나타났지만, 동아시아 전체의 비중이 1995년 이후 거의 변하지 않았다는 사실은 동아시아의 수출 주도형 성장 모델이 지역 전체로는 1990년대 중반부터 더 이상 작동하지 않고 있음을 말해준다.

중국이 1990년대 초 이후 미국 및 세계 시장에서 점유율을 확대한 것은 안행형 발전 모델이 아직 유효하다는 인상을 주지만, 중국이 다른 동아시아를 압도하면서 세계 시장에서 동아시아의 몫은 증가하지 않고 있다. 실제로 중국과 동아시아 국가의 경쟁은 '합성의 오류(fallacy of composition)'를 낳고 동아시아 경제위기의 원인으로 작용하게 되었다.[5] 즉 동남아가 충분히 성장하지 못한 가운데 기러기 떼의 후미에서 중국이 노동집약적 제품을 생산하는 동남아와 경쟁하게 되었고, 동남아는 중국에 추격당하는 역전 현상이 나타나게 된 것이다.[6] 중국의 부상에 따라 대량생산 제조업에 의존했던 동아시아 국가들은 시장 유지를 위해 수출 가격을 인하해야 했다. 이러한 교역 조건의 악화는 동아시아의 실질구매력을 떨어뜨리면서 생활 수준 향상을 저해하게 되었다.

아시아 외환위기와 아세안+3 체제의 등장

동남아시아와 동북아시아는 모두 고투자 · 수출 주도형을 기반으로 하는 '동아시아 경제 발전 모델(EAEM : East Asia Economic Model)'을 통해 성공했다. 그러나 두 지역은 중요한

---

5 '합성의 오류'는 동아시아 국가들이 대거 공산품 수출에 나선 1980년대부터 제기되어왔다. 개별 국가는 수출 주도형 공업화를 통해 성장할 수 있지만, 다른 국가들이 동일한 전략을 사용할 경우 교역 조건이 악화되어 성공할 수 없다는 논리이다. 1980년대 동아시아가 순차적 발전과 생산성 상승으로 합성의 오류에 빠지지 않을 것이라는 주장이 많았으나, 중국의 등장으로 합성의 오류가 현실화되었다.
6 Erturk, Korkuta A. (2001). Overcapacity and the East Asian Crisis. *Journal of Post Keynesian Economics*, 24(2), 273.

점에서 차이가 있었다. 싱가포르, 말레이시아, 태국 등 동남 아시아 선발국들은 투자나 수출의 담당자가 자국기업이라 기보다는 다국적기업이었던 것이다.[7]

다국적기업들은 현지의 저렴한 생산 요소를 활용하여 대량생산형 조립산업에 진출했는데, 필요한 부품이나 중간재를 현지에서 조달하기보다는 모기업 혹은 모국에서 수입하고 생산된 제품은 미국 등 선진국으로 수출하는 방식으로 기업 운영을 했다. 이와 같은 다국적기업이 주도하는 동남 아시아의 경제 발전은 싱가포르나 말레이시아에서 1970년 대 시작되었으나, 1985년 플라자 합의[8] 이후에는 동남아 전역에 꽃을 피워 1990년대 초반까지 동남아의 고도성장을 이끌었다.

그러나 다국적기업이 주도하는 동남아 선발국의 경제 발전은 취약점을 갖고 있었다. 첫째, 기술 기반이 강화되지 못하면서 부품산업이 발달하지 못했고, 최종 제품은 소득탄력성보다는 가격탄력성이 높은 상품이 되었다. 현지기업, 주로 화교기업은 정부와 유착하여 내수 일부 부문을 독과점화했고 부동산, 금융, 유통 부문에 집중하면서 수출 부문은 다

---

7 Lian, Daniel (2001. 5. 16.), Asia Pacific : First Steps in Dismantling the East Asia Economic Model, Global Economic Forum, Morgan Stanley 등을 중심으로 동북아와 동남아를 구별하고 있다. 동북아가 자국기업(한국과 일본은 대기업 집단, 대만은 중소기업)에 의해 발전한 반면, 동남아는 다국적기업에 의해 발전했다는 것이다.

8 1985년 9월 미국 등 서방 선진국과 일본의 재무장관이 뉴욕 플라자호텔에 모여 세계 경제 질서를 논의한 것을 말한다. 주요 내용은 일본 엔화의 평가절상을 추진하기로 한 것이다.

국적기업에 맡겨두었다. 그러나 다국적기업은 현지의 저렴한 인건비를 활용했을 뿐 기술 이전은 하지 않았다. 그 결과 동남아는 중소기업이나 부품산업이 발전하지 못해 중간재나 부품을 해외에 의존할 수밖에 없었다. 수출이 늘어나고 경제가 성장했으나 무역수지 적자도 증가했다. 또한 환율 변동은 동남아의 중저급 제품 수출 경쟁력에 큰 영향을 미쳤다.

특히 일본 엔화 환율 변동은 동아시아 경제에 큰 영향을 미쳤다. 1985년 플라자 합의 이후 엔화 가치가 급속히 상승하자 일본의 수출 경쟁력은 저하되었고, 다른 동아시아 국가의 경쟁력은 높아졌다. 엔화는 1989, 1990년에 일시적으로 약세로 전환되었다가 1991년부터 1995년 전반까지 다시 강세를 유지했다. 이 시기 일본을 제외한 동아시아는 유례없는 호황을 누렸는데, 특히 일본기업의 투자가 파도와 같이 밀려왔던 동남아의 성장은 눈부셨다. 또한 동남아의 통화들은 미국 달러에 강하게 연동되어 있었기 때문에 일본 엔화에 약세를 유지했고, 그 결과 기업들의 경쟁력은 높아졌다. 그러나 1995년 중반부터 엔화가 다시 약세로 전환됨에 따라 미국 달러에 연동된 동남아 통화는 강세가 되어 상당한 타격을 입었다. 수출용 상품 생산에 필요한 부품과 중간재를 일본으로부터 수입하던 동남아의 무역수지 적자는 대폭 증가했다.

둘째, 중국의 세계 시장 편입으로 중저급품을 생산 수출하던 동남아는 대적할 수 없는 경쟁자를 만나게 되었다. 중국이 본격적인 개방을 하면서 홍콩 및 대만기업이 중국으로 진출했고, 중국의 경공업 제품이 미국 시장으로 흘러가기 시작했다. 중국의 세계 시장 진출은 가장 먼저 태국과 인도네시아 등 동일한 상품을 수출하는 국가에 큰 타격을 주었다. 중국의 노동력은 동남아 국가들보다 더 저렴했고 더욱 풍부했다.

또한 중국 위안화의 환율 변동은 중국 상품의 경쟁력을 높여주었다. 위안화는 1990년 달러당 4.8위안에서 1993년 5.8위안까지 점진적으로 절하되었는데, 중국은 한 걸음 더 나아가 1994년 1월 8.6위안으로 대규모 평가절하를 단행했다. 이에 비해 태국, 말레이시아, 필리핀 등의 통화는 여전히 미국 달러에 긴밀하게 연계되어 있었다. 1990년대 전반의 호황으로 아세안 각국은 철강, 석유화학, 사회간접자본 등에 투자를 확대했고 동아시아 전체에는 공급 과잉 현상이 빚어지고 있었다. 그러나 세계 시장에서 공급 과잉뿐만 아니라 환율 문제까지 겹치면서 동남아의 교역 조건은 악화되고 수출은 정체되었다.

태국에서 외환위기가 발생한 때는 1997년 8월이었다. 태국의 통화인 바트화는 미국 달러에 페그되어 있었는데, 무역수지 적자 급증으로 1996년 말부터 평가절하의 압력에 내

몰리고 있었다. 정부는 경제 안정을 이유로 페그제(고정환율제) 유지를 위해 환율을 방어했으나, 1997년 7월 마침내 손을 들었고 바트화 가치는 폭락했다.

외환위기의 원인을 단일한 요인으로 설명하기는 어렵지만, 실물 부문에서는 1996년부터 태국의 수출이 정체한 데에서 찾을 수 있다. 중국 상품에 비해 경쟁력이 떨어진 태국 제품의 수출은 1996년 제자리걸음을 했다. 즉 외환위기는 일차적으로 1990년대 전반의 고도성장에 따른 총수요를 억제하지 못한 상태에서 수출이 갑자기 둔화되고 국내외 투자가들이 태국경제를 신뢰하지 않게 되면서 나타났다. 동남아에서 자본 탈출이 확산되면서 곧이어 말레이시아와 인도네시아가 위기 속으로 빠져들었다. 외환위기는 여기서 그치지 않고 홍콩을 거쳐 한국까지 파급되었으며, 직접 위기를 겪지는 않았지만 대만과 싱가포르 등의 성장률도 급속히 하락했다.

외환위기는 1980년대 중반 이후 고도성장에 익숙해 있던 동남아에 큰 충격을 주었다. 태국에서 위기가 발발했을 때 미국 및 IMF(국제통화기금)는 위기를 단순히 거시경제의 불균형 현상이자 동아시아의 지역적인 문제로 인정하는 실수를 저질렀다.[9] 그러나 위기는 동남아를 넘어 동북아로 확산

9　태국정부의 요청으로 1997년 8월 5일 172억 달러에 달하는 IMF 주도의 지원 계획이 수립되었다. 그러나 지원에 나선 기관은 IMF, ADB(Asian Development Bank, 아시아개발은행), 세계은행의 세 곳이었고, 국가는 일본, 중국, 싱가포르 등 아시아 지역 국가였으며, 미국은 지원국에 들어가지 않았다. IMF의 프로그램도 성장률 하향 조정, 경상수지 적자 축소, 재정수지 균형 등

되었고, 동아시아 경제가 긴밀하게 연계되어 있다는 사실이 증명되었다. 1997년 12월 아세안은 금융위기를 다루기 위한 비공식 정상회의에 한국, 중국, 일본 3국을 초청했다. 아세안 10개국과 한·중·일 3국 정상회의가 최초로 열린 것이다. 1999년 마닐라에서 개최된 제3차 아세안+3 정상회의에서는 공동성명(Joint Statement on East Asia Cooperation)을 발표하며 경제, 사회, 정치 등 여러 부문에서 협력을 다짐했고 아세안+3 체제가 등장했다.

그 이전에 아세안+3 정상은 아시아태평양경제협력체(APEC) 무대에서 조우하기는 했지만 공동의 관심사를 논의할 공식적인 자리를 갖지는 못했다. 1989년 경제각료회의체로 출범한 APEC은 아세안+3 외에 미국, 호주, 뉴질랜드, 대만, 홍콩 등이 참여하고 있기 때문에 아시아 지역의 문제를 논의할 수도 있었다. 그러나 1993년 미국 주도로 정상회의체로 격상되면서 미국의 영향력이 커졌고, 시간이 지나면서 회원 수도 늘어나 하나의 경제협력체로서 정체성을 유지하기가 어려워졌다. 더구나 1994년 인도네시아의 보고르에서 개최된 정상회의에서 APEC은 2010년까지는 역내 선진국이, 그리고 개발도상국은 2020년까지 무역 투자 자유화를 달성하기로 한 보고르 목표를 설정했으나, 2010년 상반기 현재

거시경제의 불균형을 해소하는 데에만 초점을 맞추었다.

까지도 실질적인 성과를 만들지 못하면서 동력을 상당 부분 상실하고 말았다.

동아시아가 안행형 경제 발전을 할 때 미국은 가장 중요한 수출 시장이었다. 역내 다른 국가는 동아시아 국가들의 경쟁자였을 뿐이다. 정치적으로도 제2차 세계대전 이후 동아시아 국가들 대부분은 미국이 주도하는 자유진영에 가담했고, 1980년대 개방을 한 중국과 인도차이나 국가들도 미국 주도의 세계 경제 질서를 수용하지 않을 수 없었다. 이러한 경제적, 역사적 배경을 고려하면 아세안+3 체제의 출범은 획기적인 사건이었다.

1980년대 중반 이후 동북아의 대(對)동남아 투자 확대와 중국의 세계 시장 편입으로 동아시아 경제가 통합되고 있었기 때문에 동아시아가 제도적 조직을 설립하는 것은 자연스러운 일이었다. 그럼에도 불구하고 1997년 아세안이 쿠알라룸푸르로 한·중·일 3국 정상을 초청한 것은 동아시아 질서를 새로 만든 출발점이었다.[10] 외환위기가 아니었다면 그 출발은 더 많은 시간이 지나야 가능했을 것이다. 외환위기는 동아시아에 큰 상처를 주기도 했지만, 동시에 협력의 창을 열어준 중요한 사건이었다.

---

10 당시 한국은 외환위기의 급류 속에 김영삼 대통령을 대신해 고건 총리가 참석했다.

02

아세안+3의 비전과
제도적 협력

동아시아 공동체를 향한 첫걸음

동아시아 협력의 틀은 1998년 12월 베트남 하노이에서 개최된 제2차 아세안+3 정상회의를 계기로 설치된 동아시아비전그룹(EAVG)의 발족으로 더 구체화되었다. 이 회의에서 한국의 김대중 대통령은 13개국의 저명인사들로 구성하는 EAVG의 창설을 제안했고, EAVG는 1999년 10월 제1차 회의 이후 2001년 5월 제5차 회의를 거쳐 작성한 보고서를 2001년 브루나이에서 열린 아세안+3 정상회의에 제출했다. 아세안+3의 비전과 협력 프로그램을 제공함으로써 EAVG는 아세안+3 국가의 모임을 하나의 체제로 탈바꿈시키는 역할을 한 것이다.

EAVG 보고서의 정식 명칭은 '동아시아 공동체 설립을 향하여 : 평화, 번영, 진보의 동아시아(Towards an East Asian

Community : Region of Peace, Prosperity and Progress)'였다.[11] 즉 아세안+3의 장기적 지향점 혹은 비전이 동아시아 공동체임을 처음으로 분명히 한 것이었다. 그러나 공동체가 협력과 개방에 기초할 것이라고 했지만 그 정의는 분명하지 않았다. 대신 동아시아 공동체 형성을 촉진하기 위해 동아시아 국가 간의 갈등 방지와 평화 증진 및 무역, 투자, 금융, 개발 분야에서의 긴밀한 경제적 협력, 환경 보호와 건전한 거버넌스(governance)로 인간 안보 진전, 교육 및 인적자원 개발의 협력 강화로 공동 번영 추구, 동아시아 공동체의 정체성 확립 강화 등을 목표로 하기로 했다.

동아시아의 경제 규모는 성장과 함께 확대되었다. 동아시아 중에서 대만과 홍콩을 제외한 아세안+3의 전체 인구는 2007년 20.7억 명으로 세계 전체 인구의 31.3%, 시장 환율 기준의 국내총생산(GDP)은 9.8조 달러로 세계 전체 54.6조 달러의 18%를 차지했다. 아세안+3의 구매력 평가 GDP는 세계 전체의 22.9%로서 미국 20.8% 및 유럽연합(EU) 22.4%보다 많고, 수출입은 전 세계의 20% 내외, 외환보유고는 전 세계의 46.1%에 이르렀다.

이처럼 아세안+3은 미국 및 유럽과 함께 세계 경제를 지탱하는 중요한 기둥이며, 성장 잠재력은 미국이나 유럽보다

---

11 East Asia Vision Group (2001). Towards an East Asian Community : Region of Peace, Prosperity and Progress. *East Asia Vision Group Report*.

오히려 더 크다. 더구나 동아시아 지역 내 산업 분업에서 일정한 역할을 하는 대만과 홍콩을 포함하면 세계에서 차지하는 비중은 더욱 늘어난다. 동아시아가 미국 및 EU와 더불어 세계 경제 3극을 구성하고 있는 셈이다.

문제는 동아시아가 미국 및 EU에 비해 파편화된 국가들의 모임이므로 세계 문제에 단일 목소리를 내지 못한다는 것이었다. 이제 EAVG에 의한 비전 및 프로그램으로 동아시아는 하나의 정체성을 가진 그룹으로 전환될 수 있는 첫걸음을 뗄 수 있게 되었다.

EAVG 보고서는 동아시아 공동체 실현을 위해 다양한 분야의 협력을 추진하도록 권고하고 있다. 경제 협력에서는 무역과 투자의 자유화, 개발과 기술 협력, IT기술 개발을 통해 경제통합을 추진해야 한다고 권유했다. 특히 무역에서 동아시아자유무역지대(EAFTA), 투자에서 동아시아투자지역(EAIA : East Asia Investment Area), 그리고 금융 협력에서 동아시아차입협정(East Asian Arrangement to Borrow)이나 동아시아통화기금(EAMF : East Asian Monetary Fund)의 설립을 권고했다. 또한 역내 정치 협력을 위해 동아시아싱크탱크네트워크(NEAT : Network of East Asian Think-Tanks)의 설립을 권유했고, 전반적인 역내 협력 관리를 위해 아세안+3 정상회의를 동아시아 정상회의(EAS)로 발전시키자고 주장했다.

EAVG에 담긴 권고의 목표는 원대했고, 당시 아세안+3 체제의 협력 수준에 비해 과도한 희망을 담고 있었다. 회원국들은 제시된 프로그램에 대해 독자적인 견해를 정리할 수 있는 수준에 이르지 못했다. 외환위기 직후 일본이 제기한 아시아통화기금(AMF)이 EAVG 보고서에 이어져 있으나, EAFTA나 EAS 등은 당시 수준으로는 파격적인 것이었다.

그렇지만 아세안+3 정상들은 EAVG를 제안하고 연구 작업을 주도한 한국의 노력을 인정했다. 2001년 11월 아세안+3 정상회의의 의장성명은 EAVG 창설을 제기한 김대중 대통령에게 감사를 표하며 "EAFTA 창설이나 APEC의 보고르 목표보다 앞서 무역을 자유화하는 것은 담대하지만 가능한 일이다."라고 말했다. 김 대통령은 정상회의에서 이 보고서를 바탕으로 EAFTA와 EAS를 제안했다.[12] 또한 13개국의 산·관·학이 참여하는 동아시아포럼(EAF : East Asia Forum)도 제의했다.

EAVG는 정부 인사가 포함되지 않는 '현인'들의 모임이었다. 여기서 제시된 비전의 실천력을 높이려면 현실을 반영한 구체적인 사업을 발굴할 필요가 있었다. 이를 위해 한국은 다시 2000년 정상회의에서 정부 관료로 이루어진 동아시아연구그룹(EASG)의 구성을 제안했다. EASG는 2002년 캄보

---

12 ASEAN (2001). Press Statement by the Chairman of the 7th ASEAN Summit and the 5th ASEAN + 3 Summit. Bandar Seri Begawan. Brunei Darussalam. 〈http://www.aseansec.org/5467.htm〉(2001. 11. 5.)

● 표 1-2 EASG에서 선정한 26개 협력 조치

		구체적 내용
단기 조치	경제 협력	– 동아시아 비즈니스 협의회(business council) 설립 – 최빈국에 대한 일반특혜관세(GSP) 지위 및 특혜 조치 부여 – 해외직접투자(FDI) 확대를 위한 투자 유치 환경 조성 – 동아시아 투자 정보 네트워크 설립 – 성장지대 내 자원·인프라 공동 개발, 금융 지원 및 민간 참여 장려 – 인프라, IT, 인적자원 개발 등 3개 우선 분야의 지원 및 협력 제공 – 기술 이전 및 공동 기술 개발을 통한 협력 – 인터넷 접근 확대를 위한 인터넷 IT 공동 개발 및 통신 인프라 구축
	정치 협력	– 해적, 마약 거래 등 새로운 안보 문제에 대한 협력 메커니즘 강화 – 동아시아싱크탱크네트워크(NEAT) 구축
	사회·문화·교육 협력	– 빈곤 감소 프로그램 수립 – 기초 의료 서비스 제공을 위한 공조 – 포괄적 인적자원 개발 프로그램 이행 – 동아시아 정체성 및 공동체 의식 함양을 위한 문화·교육기관의 공동 노력 – 예술, 문화재 및 문화유산의 보존을 위한 네트워크 증진 및 전문가 교류 – 역내 동아시아 연구 증진
	제도 협력	– 동아시아포럼(EAF) 설립
중장기 조치	경제 협력	– 동아시아자유무역지대(EAFTA) 설립 – 중소기업에 의한 투자 확대 – 아세안 투자 지역의 확대를 통한 동아시아투자지역(EAIA) 설립
	금융 협력	– 동아시아차입협정 또는 동아시아통화기금(EAMF) 설립 – 금융 안정 및 경제 개발을 위해 역내 긴밀한 환율 공조 체제 추진
	환경·에너지 협력	– 에너지 정책 및 전략 기본 방향 수립, 범아세안 에너지 네트워크 프로젝트의 이행 계획 수립 – 동아시아 전역에서 해양 환경 협력 증진
	사회·문화·교육 협력	– 시민 참여 및 국가-시민 파트너십 증진을 위해 비정부기구(NGO)와 긴밀히 협력
	제도 협력	– 동아시아 정상회의(EAS)

자료 : EASG 보고서.

디아 프놈펜에서 열린 아세안+3 정상회의에서 동아시아 공동체 형성을 위해 경제, 정치, 사회 및 문화, 제도적 분야에서 17개의 단기 협력 사업과 9개 중장기 협력 사업의 실행을 권고했다.

26개 사업 중 중장기 사업은 동아시아 공동체의 기반이 될 대부분의 분야와 프로젝트를 망라하고 있다. 경제적으로는 EAFTA 및 EAIA를 통해 실물 부문에서 자원이 자유롭게 이동하고 장벽이 없어지면서 아세안+3이 하나의 단일 시장으로 통합될 수 있다. 금융 협력에서 EAMF는 아시아의 IMF를 설립함으로써 회원국의 외환유동성 위기를 해결하고 환율 공조 체제를 발전시킴으로써 장기적으로 단일 통화에 대한 연구 및 궁극적으로는 실제 사용을 염두에 두고 있었다. 여기에 EAS는 아세안+3이라는 다소 불균형적이고 비공식적인 정상회의를 13개국이 동등한 자격으로 참여하는 협력의 장으로 만들 수 있다. 즉 여기에 포함된 사업들을 성실히 추진해간다면 동아시아를 하나의 경제공동체로 만들 수 있었다.

파편화된 FTA 추진

아세안+3이 동아시아 공동체를 지전으로 삼고 협력을 강화하기는 했으나, 동북아 3국은 경제적, 정서적으로 쉽게 가까워지지 못했다. 이들에게 아세안은 손쉽게 접근할 수 있는 대상이었다. 한국이 아세안+3 체제의 내용을 만드는 데 주도적 역할을 했지만, 아세안+3의 협력에 가장 적극적인 태도를 보인 곳은 중국이었다. 중국은 2001년 말 WTO(세계무역기구)에 가입하면서 제2차 개방의 시대로 들어갔고, 눈부신 성장을 바탕으로 동아시아 문제에 적극적으로 발언하기 시작했다.

2002년 11월 아세안+3 정상회의 동안 열린 아세안-중국 정상회담에서 중국은 아세안과의 FTA 체결을 주요 내용으로 하는 '포괄적 경제 협력에 대한 기본 협정(Framework Agreement)'에 서명했다.[13] 기본 협정에서 양측은 FTA에 의한 공산품 자유화에 앞서 2005년 중 HS 2단위 기준의 농림수산품 8개 분야(HS 01~08)에 속한 품목(HS 8/9 단위 기준)에 대한 관세를 철폐하기로 했으며, 이 중 일부 품목을 제외한 600여 품목은 조기에 관세를 인하하기로 했다. 특히 중국은 캄보디아, 라오스, 베트남, 미얀마 등 아세안 저개발국의 농산물 297개 품목에 대해서는 이보다 더 이른 2004년 7월부터 관세를 인하하기로 했다. 아세안 내의 농업국가이자 빈곤국가인 이들이 실질적인 혜택을 누리도록 하여 FTA의 동력을 끌어내기 위해서였다. 2004년 11월 상품 분야의 협상을 타결하고, 2005년 7월부터 FTA를 공식 발효시켜 공산품의 관세 인하를 시작함으로써 아세안 선발국과 중국은 2010년 FTA

---

13 기본 협정의 공식 명칭은 Framework Agreement on Comprehensive Economic Co-operation Between ASEAN and the People's Republic of China이다.

를 완성하기로 했다.

중국-아세안 FTA는 크게 농산물에 대한 조기 자유화 및 공산품 일반 분야와 민감 분야로 구분할 수 있다. 조기 인하 품목에 대해서는 상품 양허(讓許) 발효 전에 조기 관세 인하를 하며, 관세율이 15% 이상인 품목에 대해서는 2004년까지 10%, 2005년에는 5%로 인하하고, 2006년에는 철폐하기로 했다. 일반 품목에 대해서는 중국과 선발 아세안이 2005년 7월부터 관세를 인하하여 2010년에는 0%가 되도록 했고 캄보디아, 라오스, 미얀마 3국에 대해서는 2015년까지 관세를 철폐하도록 했다. 민감 품목의 수를 최대 400개로 하되 아세안 후발국의 경우 최대 500개로 인정하기로 했으며, 이들에 대해 선발국은 2018년까지, 후발국은 2020년까지 관세를 인하하기로 했다.

중국이 동아시아 협력에 관심을 높이자 가장 민감하게 반응한 곳은 일본이었다. 일본은 2002년 아세안+3 회의에서 아세안과 '포괄적 경제 협력을 위한 아세안-일본 정상 공동 선언(Comprehensive Economic Partnership)'[14]을 발표했다. 그러나 이는 중국과 아세안이 서명한 '기본 협정'에 비하면 다소 형식적이었고, 일본 언론은 중국의 적극적인 자세에 대해 보도하면서 일본이 동아시아의 주도권 경쟁에서 실패했다

---

14 공식 명칭은 Joint Declaration of the Leaders of ASEAN and Japan on the Comprehensive Economic Partnership이다.

고 비판했다.[15] 일본은 다음 해인 2003년 10월 발리에서 열린 아세안+3 정상회의에서 다시 '아세안-일본의 포괄적 경제 동반자 관계를 위한 기본 협정(Framework for Comprehensive Economic Partnership between ASEAN and Japan)'에 서명했다. 여기서 양측은 FTA를 추진하기로 했는데, 이는 1년 전에 중국과 아세안이 서명한 기본 협정의 예를 따른 것이었다. 이에 그치지 않고 일본은 2003년 12월 아세안 정상 전체를 도쿄에 초청하여 일본-아세안 특별 정상회의를 개최하기에 이르렀다.

기본 협정 서명으로 아세안-일본 FTA 논의가 시작되었다. 일본은 이미 아세안 각국과 개별적으로 FTA를 추진하고 있었는데, 싱가포르-일본 FTA는 2002년 11월 발효되었고 말레이시아, 태국, 필리핀도 일본과 2004년 초에 교섭을 시작했다. 일본기업이 이미 오랫동안 아세안에서 생산 활동을 하면서 아세안 각국은 일본의 부품과 중간재를 사용하고 있었다. 따라서 일본과 아세안 주요국은 상당히 높은 수준의 개방이 가능했다. 일본도 이를 고려하여 개별 국가들과의 FTA를 선호했을 것이다.

그러나 중국과 한국이 아세안 전체와 FTA를 추진하자 일본도 개별국과의 FTA 체결에만 머무를 수는 없었다. 일본

---

15 김현진 (2003). "동아시아 FTA의 정치 · 경제 : 일본 · 중국의 FTA 전략과 한국의 선택." 박번순 외, 《한국의 FTA 전략》 (p. 83). 삼성경제연구소.

과 아세안은 2005년 4월 협상을 시작해 2008년 4월 서명을 마쳤다. 아세안-일본 FTA는 일본 최초의 다자간 FTA이다. 아세안 선발 6개국은 대일 수입 총액 및 품목 수의 90%에 대해 10년 내에 관세를 철폐하고, 10%의 민감 품목은 관세 인하에서 제외하기로 했다. 일본은 금액 기준 93%에 대해 관세를 철폐하되 90%는 즉시 철폐하고, 2%는 5년 내에 그리고 1%는 10년 내에 철폐하며, 나머지 7%에 대해서는 관세 인하에서 제외하기로 했다.

한국과 아세안도 2003년 협력을 위한 기본 협정에 서명하고 2005년 2월 제1차 FTA 협상을 시작해 2006년 8월 협상을 타결했다. 아세안과 한국은 품목 수 90% 및 수입액 90% 이상의 일반 품목군에 대해 2010년까지 관세를 철폐하기로 했으며, 아세안은 전체 품목의 45%에 대해 2007년 시작과 함께 0~5%로 관세를 인하하기로 했다. 민감 품목에 대해서는 관세율을 2012년까지 20%, 2016년까지 0~5%로 인하하기로 했는데, 민감 품목은 품목 수의 6~7%, 수입액의 7%로 제한하기로 했다. 초민감 품목의 경우 일부 품목에 대해서는 양허를 제외하고, 일부 품목에 대해서는 관세율을 최고 50%로 설정하기로 했다. 초민감 품목에 대해서는 HS 6단위 기준으로 200개 이하나 수입액의 3% 이내로 한정하기로 함으로써 높은 수준의 양허가 이루어지도록 했다. 한국-아세안 FTA는 2007년 6월 상품 분야가 한국, 인도네시아, 말레이시

아, 싱가포르, 베트남, 미얀마부터 발효되었고, 이후 다른 아세안 국가들도 순차적으로 발효되었다.[16]

2004년 중국이 아세안+3 경제장관회의에서 EAFTA의 타당성 연구를 위한 전문가 그룹을 구성하자고 제안했지만, 동아시아 공동체의 가장 중요한 기초를 이룰 EAFTA에 대해서는 진전이 없었다. 대신 아세안을 중심으로 한국, 중국, 일본이 각각 FTA를 체결하기로 한 것이다. 이러한 과정에서 동아시아 공동체의 진전을 가로막는 또 다른 일탈이 일어나고 있었다. 중국이 역시 2004년 장기 과제로 남았던 EAS의 1차 회의를 개최하고 싶다는 의사를 밝힌 것이다. 아세안 중심의 아세안+3 체제로는 동아시아 공동체의 길이 멀다고 생각한 한국은 EAVG의 작업 과정에서 아세안+3 정상회의를 EAS로 발전시키자고 주장했다. 그러나 이 안이 처음 제기되었을 때 아세안은 아세안+3 내에서 영향력이 줄어들 것을 두려워하여 반기지 않았고, 중국과 일본도 아세안을 고려하여 적극적인 자세를 보이지 않았다. 장기 과제로 묻어둔 것이다.

따라서 일본의 정계나 보수층에서는 동아시아 통합에 대한 중국의 적극적인 자세에 상당한 충격을 받았다. 이 때문

---

16 당초 태국은 한국-아세안 FTA에 가입하지 않았는데, 이는 한국의 농산물 개방이 기대에 미치지 못한다고 판단했기 때문이다. 그러나 2007년 12월 한국-아세안이 서비스 협정에 공식 서명할 때, 태국도 상품 및 서비스 분야에 정식으로 가입했다.

에 일본의 연구기관, 학계, 비즈니스계가 협력하여 2004년 나카소네 전 총리가 회장, 이토 겐이치가 의장을 맡아 일종의 네트워크인 동아시아공동체평의회(CEAC : The Council on East Asian Community)를 발족시켰다. 이토 겐이치 의장은 인사말에서 "CEAC는 동아시아 공동체를 촉진하기 위한 기구가 아니다. 동아시아 공동체가 일본에 어떤 의미를 갖고 있는가를 연구하며, 일본이 무엇을 해야 하고 무엇을 하지 않아야 하는지를 제안할 것이다."라고 밝혔다.[17] 동아시아 경제통합을 주도하려는 중국에 적극적으로 협력하지 않겠다는 것을 일본의 보수층에서 분명히 천명한 셈이었다.

그러나 동아시아의 제도적 협력에 대한 논의는 일본의 의사와는 관계없이 진전되었고, 일본도 이를 무시할 수는 없었다. 중국이 EAS 회의 개최에 대한 의욕을 표명하자 아세안이 먼저 반응했다. 중국의 EAS 추진 제안을 거부할 수는 없지만 동시에 자신들의 영향력을 유지해야 한다고 생각한 아세안 측은 제1차 EAS를 아세안+3 회의와 병행하고 중국이 아닌 '선(先) 아세안 내 개최'를 희망했다. 가장 적극적인 국가는 2005년 아세안+3 정상회의 개최국이 될 말레이시아였다. 결국 아세안+3 정상회의는 살아남았다. 이제 누가 EAS에 참여할 것인가 하는 문제가 불거졌다. EAS 체제가 중

---

17 http://www.ceac.jp/e/greetingPreisdent.html

국의 영향력 아래에 놓일 것을 두려워한 미국과 일본은 인도, 호주, 뉴질랜드의 EAS 참여를 주장했다. 아세안+3 정상회의를 대체할 것으로 기대된 EAS는 그러나 기대에 미치지 못하고 지리적으로 동아시아와는 관계없는 호주, 뉴질랜드, 인도 등이 참여하는 새로운 형태의 정상회의로 발족되어 제1차 회의를 2005년 12월 말레이시아의 쿠알라룸푸르에서 개최했다.

원래 한국은 EAS가 아세안+3 체제를 대체할 것으로 기대했고 중국 등 역내 일부 국가도 이를 원했지만, 여건이 성숙하기도 전에 중국이 지나치게 빨리 EAS 개최를 희망하면서 일본, 미국 등의 반발을 사게 되었다. 그 결과 동아시아 공동체를 위한 제도적 틀을 담당할 것으로 기대되었던 EAS는 오히려 동아시아 공동체 형성을 방해하고 말았다. 미국은 EAS가 출범할 때 일본, 호주, 뉴질랜드 등을 통해 자국의 입장을 관철할 수 있을 것으로 기대하고 직접 참여하는 것은 포기했다. 아세안은 동남아우호협력조약(TAC : Treaty of Amity and Cooperation in Southeast Asia)에 가입한 국가들만 EAS에 가입시키기로 했다. 러시아, 미국, EU 등도 EAS에 관심을 갖고 있는 것으로 알려지고 있다.

EAS를 EAVG나 EASG의 원안과 다른 형태로 변경시킨 일본은 한 걸음 더 나아가 2006년 새로운 제안들을 쏟아내기 시작했다. 2006년 4월 니카이 일본 경제산업성 장관은 아세안+3의 EAFTA 대신 신(新)EAS 회원국, 즉 아세안+6의 '동아시아 포괄적 경제 파트너십(CEPEA : Comprehensive Economic Partnership in East Asia)'을 제안했다. 일본은 나아가 역내의 발전 격차를 해소하기 위해 '아세안 및 동아시아 경제연구소(ERIA : Economic Research Institute for ASEAN and East Asia)'를 창설하자고 주장하며, 이를 위해 10년 동안 100억 엔을 내놓겠다고 약속했다. 아세안 사무국에 설립된 ERIA는 아세안 경제공동체 촉진, 광의의 경제통합에서 운전자 역할을 할 아세안 지원, 개발 격차 축소에 대한 기여, 동아시아 공동체에 대한 넓은 이해 증진 등을 목적으로 하고 있다. 아세안의 환심을 사기 위해 일본이 돈을 낸 것이다. 일본은 또한 기존 EAFTA 연구와는 별도로 전문가로 구성된 CEPEA 타당성 연구를 제안해 관철시켰다.

03

식어버린
통합에 대한 열망

기대에 미치지 못한 제도적 협력

한국 및 동아시아 공동체를 환영하는 일부 국가의 기대와
는 달리 EAFTA가 출범하지 않은 단계에서 CEPEA 안이 등
장했고, 아세안+3 정상회의를 대체하기로 한 EAS는 신EAS
로 변해 아세안+3과 병렬적으로 2차 회의를 필리핀 세부
(2007년 1월), 3차 회의를 싱가포르(2007년 11월)에서 개최하
면서 계속되고 있다. 이 때문에 아세안+3의 정체성은 더욱
퇴색되었다.

아세안+3 체제 출범 10주년을 맞은 2007년 싱가포르 정상
회의에서는 동아시아 협력에 관한 제2차 공동성명이 발표되
어 과거 10년간(1997~2007년) 아세안+3의 협력을 회고하고
향후 10년간 협력의 방향을 설정했다. 협력의 목적과 역할
에서는 아세안+3이 동아시아 공동체 형성에 중요한 수단이

며 아세안이 주 추진자(driving force)라고 인정했다.

제2차 공동성명에서는 아세안+3이 정치 및 안보 분야에서 인재 육성, 정기적 안전 보장 대화 및 교류를 추진하고, 경제 및 금융 분야에서 자유화와 통합, 투명성, 투자, 지적재산권 보호, 치앙마이 이니셔티브(CMI : Chiang Mai Initiative)의 다자화(多者化), 아시아 채권시장 발전 방안(ABMI : Asian Bond Markets Initiative) 강화 등을 추진하기로 했다. 에너지, 환경, 기후 변화, 지속 가능 개발 등의 분야에서는 장기적으로 온실가스 농도의 안정화를 공동 목표로 재확인했다. 사회 문화 개발 분야에서는 빈곤 추방, 격차 시정, 전염병 및 재해 대책을 강화하고, 제도적 지원을 위해 아세안+3 협력기금을 창설하기로 했다.

그러나 전체적으로 평가하면 제2차 공동성명은 EAVG 및 EASG에서 발굴한 큰 줄기에 대해서는 특별히 강조하지 않았다. 동아시아 공동체에 대한 아세안+3의 열정이 식어버린 것이다. 사실 동아시아 공동체에 대한 아세안+3의 노력은 다양한 분야에서 이루어졌으나, 회원국 모두가 이에 대한 확신을 갖고 있지는 않았다. 예컨대 EAFTA가 현실적으로 곧 실행에 옮겨질 것이라고 믿었던 국가는 없었고, 이는 학계에서도 마찬가지였다. EAFTA의 필요성에 대해 다양한 차원에서 논의되고 주장되기도 했으나, 장기 과제로 인식하는 성향이 강했다. 따라서 역내 국가들은 개별 국가 차원의

FTA에 더 많은 관심을 갖게 되었다. 아세안은 아세안자유무역지대(AFTA : ASEAN Free Trade Area)의 완성 시기를 단축했고, 싱가포르는 세계 FTA 허브를 지향하면서 다수의 국가와 FTA를 체결했다. 이미 지적했듯이 중국, 한국, 일본도 각각 아세안과 FTA를 체결했다.

물론 EAFTA에 진전이 아주 없었다고 할 수는 없다. 중국이 2004년 아세안+3 경제장관회의에서 EAFTA의 타당성 연구를 위한 전문가 그룹의 구성을 제안한 이후 공동 연구가 시작되었던 것이다. 각국 대표로 구성된 태스크포스 팀은 연구 결과를 2006년 8월 아세안+3 통상장관회의에 보고했다. 연구 결과, EAFTA가 창설되면 아세안+3 전체의 GDP는 1.18% 성장하고, 후생은 1,046억 달러 증가하며, 아세안의 GDP는 3.64%, 한 · 중 · 일 GDP는 0.92% 증가하게 된다.[18] 연구 결과가 발표되었지만 구체적인 협상 계획은 만들어지지 않았다. 이에 2006년 한국은 제2 단계의 EAFTA 연구를 제안했다. 연구진은 2007년 5월부터 2009년 6월까지 2년 동안 EAFTA의 필요성과 장애 요인을 검토하고 가능한 선택안을 제시하기로 했다.

실물경제의 제도적 협력에 비해 금융 분야 협력에서는 상대적으로 진전이 있었다. 아세안+3의 통화 금융 협력은 몇

---

18 Towards an East Asia FTA : Modality and Road Map (2006. 7. 22.), Joint Expert Group for Feasibility Study on EAFTA.

개 분야로 진행되었다. 첫째, 경제정책 점검 및 정책 공조 대화 분야로서 외환위기 이후 1998년 10월 아세안 내에서 만들어진 아세안감시체제(ASP : ASEAN Surveillance Process)와 1999년 설립된 아세안+3 재무장관회의가 있다. 제1차 아세안+3 경제동향 점검 및 정책 대화(ERPD : Economic Review and Policy Dialogue)는 2000년 5월 개최되었다. 둘째, 지역통화협정 분야로는 2000년 5월 시작된 CMI 사업 및 환율 조정을 위한 협력이 있다. 셋째, 아세안+3 재무장관회의 산하 환율 조정 분야로서 ABMI가 있다.

금융 협력 중에서 가장 진전이 빠른 분야는 역내 긴급지원 시스템인 CMI였다. 이는 2000년 5월 태국 치앙마이에서 열린 아세안+3 재무장관회의에서 전격 합의된 역내 중앙은행 간 쌍무적(雙務的) 스왑(swap) 거래이다. 외환유동성 위기가 발생하면 협정 당사국들은 자국 통화와 국제 통화(달러 등)를 일정 시점에서 결정된 환율로 차입하고 계약 기간이 지나면 다시 상환한다. 즉 위기 당사국이 외환유동성에 문제가 발생할 때 스왑 계약 체결국에 요청하고 계약 체결국이 지원 여부를 결정하는 쌍무적 지원 체제이다. 2006년 5월 아세안+3 재무장관들은 CMI 체제를 양적, 질적으로 확충하여 지원 실효성을 높이기로 하고 그동안 체결된 상호 자금 지원 규모 395억 달러를 750억 달러로 확충하기로 합의했다.

나아가 CMI의 발전 방향에 대한 모색이 다각도로 이루어졌다. 소위 '포스트(Post) CMI' 혹은 'CMI 다자화(CMIM)'로서 양자간 스왑 계약 형태를 다자간의 단일 계약 형태로 전환하는 방안을 마련하기로 했다. 참여국이 외환보유액의 일정 부분 출연을 약정(earmarking)하거나 직접 출연(reserve pooling)하고, 이를 운영하고 관리할 사무국을 설치하며, 전문가 집단으로 구성된 상시적인 감시 전담 기구를 설립하여 역내 위험 요인을 분석하고 이를 평가하며 공동의 대응 방안을 모색하는 계획들이 논의되었다.

통합을 저해한 4가지 결정적 요인

그렇다면 제도적 통합에 영향을 미친 요인은 무엇일까? 몇 가지로 구분할 수 있을 것이다. 첫째는 1990년대 후반 이후 세계 경제가 순조롭게 성장했다는 점이다. 수출 제조업 중심인 아세안+3의 경제 성과는 세계 경제 여건에 의해 크게 영향을 받는다. 다행히도 외환위기 이후 세계 경제의 호조로 아세안+3 경제는 급속히 회복되었다. 동아시아 경제위기의 영향을 받기는 했으나 세계 경기는 크게 후퇴하지 않았다. 미국에서 IT 붐이 일면서 세계의 수입 수요도 급증했다. 동아시아 국가들의 수출도 증가하고 경제성장률도 회복되었다. 미국의 IT 붐이 2000년 정점에 이른 이후 9·11 사태에 따른 불확실성과 IT 버블 붕괴로 2001년 성장률은 1.5%, 수입 증가율은 −0.3%로 하락했지만, 이후 다시 성장률은 회복되었고 수입도 동일한 패턴을 보였다.

2002년 이후의 세계 경제는 중국의 화려한 등장과 인도 등 BRICs 국가의 고도성장으로 특징되었다. 특히 동아시아 국가의 성장률과 수출 등 경제적 성과는 중국경제의 성장과 함께 긍정적인 영향을 받기 시작했다. 외환위기 이후 구조조정을 통해 생존에는 성공했지만 전체적으로 성장 잠재력이 떨어진 동아시아 국가들의 투자나 소비는 부진할 수밖에 없었고, 중국 시장은 이들에게 일종의 구세주로 등장했다.

이처럼 세계 경제가 회복되고 대중국 수출이 급증함에 따라 아세안+3 국가들은 제도적 통합 노력을 게을리하게 되었다. EAVG의 동아시아 미래에 대한 비전은 2002년 이후 경제회복과 함께 동아시아 정치 지도자들이 '골치 아픈 문제는 나중에' 정서에 젖어들면서 점점 희미해져갔다. 물론 동아시아 각국은 이 기간에도 쌍무적 FTA를 체결하거나 협상했지만, 적어도 전체적인 국면을 이해하고 장기적 관점에서 동아시아의 미래를 염려하는 정치 지도자는 없었다.

둘째, 아세안+3의 공동체 추진 과정에서 나타난 제도적 차원의 혼선은 역내 주요 당사자 간의 협력이 부족했기 때문이었다. 동아시아의 핵심 국가는 동북아 3국, 더 정확히는 일본과 중국이지만, 양국은 동아시아의 미래를 위해 실질적인 협력을 하겠다는 생각은 없었다. 한일 간의 FTA는 협상이 시작되었으나 2004년 11월 이후 2010년 초 현재까지도 중단 상태이며, 중일 간의 FTA는 중국의 희망에도 불구하고 일본의 반응이 없었다. 오히려 일본은 동아시아가 중국 주도로 통합될까 우려하여 미국과 연계해 아세안+3 체제와는 다른 신EAS 체제를 만들었다.

협력이 가져올 이익이 아무리 크다고 해도, 역사적 배경과 경제 발전에서 차이가 큰 동아시아가 제도적 협력을 성공시키기 위해서는 이를 끌고 갈 정치적 리더십이 필요하다. 일본은 자본과 기술을 가졌지만 중국의 급속한 성장에 자신감을 잃었고, 미국과 연계하면서 동아시아에서 정치적 영향력을 발휘할 수 없게 되었다. 중국의 경우도 '선한 사마리아인'이 되지 못한다는 주변국의 인식을 없애지 못했다. 한국에 대한 동북공정, 미얀마 군부 체제 지원, 티베트 독립 문제에 대한 대처 등은 중국에 대한 의심을 확대시키기만 했다.

한국의 경우는 국민의 정부 시절 동아시아 체제를 출범시키는 데 결정적인 역할을 담당했지만, 참여정부 시대에 들어 북한 핵 문제가 불거지면서 외교적 리더십을 동아시아에서 동북아로 스스로 좁히는 전략을 썼다. 한국이 정치적 영향력을 발휘하여 일본과 중국의 중재자 역할을 하기는 어려웠다. 결국 서로 다른 이해관계를 갖고 있는 동북아 3국은 아세안+3 체제의 운전석을 아세안에 내주고 말았다.

셋째, 아세안의 소아적 기회주의를 지적하지 않을 수 없다. 아세안+3 체제의 출발지는 아세안이었다. 여기에 동북아 3국이 협력하지 못하면서 아세안+3 체제는 아세안의 역할을 중시하지 않을 수 없었다. 제2차 아세안+3 공동선언은 2007~2017년간의 계획과 관련해 아세안+3이 동아시아 공동체를 건설하는 장기 목표의 주요 추진체(main vehicle)라는 사실을 확인하며 아세안이 주 추진자라고 인정했다.

그러나 되돌아보면 아세안은 아세안+3 체제를 주도적으로 끌고 갈 역량을 갖추고 있지 못했다. 아세안은 1967년 창설된 이후 진화를 거듭하면서 자체 협력 프로그램을 만들 줄은 알았지만 보다 큰 지역협력체를 운전할 힘은 없었다. 아세안의 GDP는 2007년 1조 2,514억 달러로서 동북아 3국의 8조 5,596억 달러의 14.6%에 불과했다. 여기에 아세안은 2015년까지 공동체를 만들 계획이지만 역내의 엄청난 개발 격차에 직면해 있다. 아세안 저개발국이 선발국에 맞는 개방과 제도를 갖춘다는 것은 어려운 일이고, 이 때문에 단결을 강조하는 아세안 선발국들은 저개발국들의 견해를 무시할 수 없는 실정이다.

아세안이 단순히 경제력만 열위에 있는 것은 아니다. 정치적으로도 아세안의 시장경제 제도와 민주주의는 갓 돋아난 어린 싹과 같다. 베트남, 캄보디아, 라오스 등은 이제 막 개방을 시작했으며, 미얀마는 여전히 폐쇄적으로 경제를 운용하고 있다. 정치적으로는 태국과 같은 선발국조차도 불확실성을 완전히 없애지 못하고 있다. 특히 미얀마 문제는 아세안의 아킬레스건이다. 아세안은 1990년대 중반 미얀마를 회원으로 받아들이면서 국제 사회의 비난에 대응해 건설적 개입(constructive engagement)이 미얀마 문제 해결에 도움을 줄 것이라고 주장했다. 그러나 기대와는 달리 미얀마의 군부독재 문제는 이후 아세안의 가장 큰 두통거리가 되었다.

아세안은 확고하게 단일한 결정을 내리는 데에도 무능했다. 아세안의 의사결정은 내정 불간섭, 주권 존중, 합의와 협의 등을 기반으로 한다. 미얀마 등 분명한 문제를 갖고 있는 국가들을 지적하지도 못하고 결국 적정한 선에서 타협하게 되는 것이다. 그래서 아세안 방식은 아세안 협력의 한계를 나타내는 것이기도 하다. 즉 논쟁적인 이슈는 의도적으로 회피하고, 원칙과 규칙보다는 비공식적인 협상과 협의를 통해 합의를 도출하는 것이다.

의사결정 과정에서 원칙과 규율을 더욱 강조해야 한다는 주장도 많았기 때문에, 아세안은 2007년 11월 창설 40주년을 맞아 아세안 헌장을 채택하면서 이에 대해 다각도로 논의했다. 헌장을 준비한 현인 그룹은 회원 축출을 포함한 제재 및 합의 대신 투표에 의한 문제 해결 등을 도입하도록 했으나, 2007년 11월 아세안 정상이 서명한 아세안 헌장에는 기존의 방식이 거의 그대로 살아남았다.

마지막으로 동아시아 역외 지역, 특히 미국이 동아시아의 블록을 원하지 않는다는 점을 들 수 있다. 제2차 세계대전 이후 미국은 일본의 정치, 경제 개혁을 추진했고, 한국전쟁 이후에는 한국의 정치, 경제 구조에도 영향을 미쳤다. 1949년 중국의 공산화 이후 미국은 동남아를 중심으로 다양한 정치, 안보기구를 발족시켰으며, 1970년대 인도차이나의 공산화 이후에는 아세안 문제에도 깊숙이 개입했다. 1980년대 말 사회주의 체제의 붕괴와 함께 이념 대결 시대는 끝이 났으나, 중국의 급격한 부상은 다시 한 번 미국의 동아시아 개입을 촉진시키고 있다. 동아시아는 역내 국가 간의 협력보다 미국과의 정치적 협력을 더 중시하게 되었다.

경제 개발 과정에서 동아시아의 수출 주도형 성장 전략은 미국 시장이 없었다면 불가능했다. 1960년대 이후 시장이 커지고 다층화된 미국은 공업화 초기의 국가들도 접근할 수 있는 시장이었다. 일본이 그랬고, 한국과 대만, 홍콩, 싱가포르 등 소위 아시아 신흥공업국이 그랬다. 미국은 1980년대 후반까지도 동아시아의 가장 중요한 시장이었기 때문에 일본의 대미 수출 의존도는 1985년 37.6%나 되었다. 1960년대 공업화를 시작한 한국의 대미 수출 비중은 1968년 52%에 이르렀고, 1985년에도 35.6%에 달했다. 아세안의 경우 석유, 가스, 목재 등 전체적으로 자원 수출이 많았기 때문에 공업화 초기에는 미국 시장 의존도가 낮았다. 그러나 아세안 중에서도 자원이 상대적으로 빈약한 필리핀의 경우 1960년 대미 의존도가 50% 이상이었고, 1965년에도 47%에 이르렀다.

그 결과 미국을 배제한 동아시아 협력 체제 설립은 거의 불가능했다. 1960년대 중반 동남아 국가들이 역내 정치, 군사, 안보적인 대화 체제가 필요하다는 인식에서 1967년 아세안을 발족시켰으나 초기에는 형식적인 협력체에 불과했다. 아세안이 본격적으로 활동하게 된 계기는 1970년대 중반 인도차이나의 공산화였다. 1989년 APEC이 창설되면서 동아시아만의 결속이 필요하다고 인식하기도 했다. 특히 말레이시아의 마하티르 총리는 미국과 호주가 주도하는 APEC에 노골적으로 반대했으며[19] 1990년대 초 동아시아 국가들만의 모임인 동아시아경제그룹(EAEG : East Asia Economic Group)을 창설하자고 제안했다. 그러나 이 제안은 일본 및 한국의 찬성도, 아세안의 적극적인 지지도 얻지 못했다. 그의 제안이 성사되지 못한 것은 미국의 반대 때문이었다.

2000년대 들어 미국의 대(對)동아시아 정책은 동아시아에 여전히 미국이 존재한다는 것이었다. 부시 정부는 테러와의 전쟁 속에서도 싱가포르와 2003년 FTA를 체결했고, 태국과는 2004년 FTA 협상을 시작했다. 또한 말레이시아와도 2006년 3월 FTA를 추진하기로 했다. 한국과는 FTA 협상을 시작해 2007년 6월 타결했다. 미국이 전통적으로 미주 국가나 이스라엘, 요르단 등과 같이 전략적으로 중요한 소국들과 FTA

---

19 실제로 마하티르 총리는 1993년 미국 시애틀에서 열린 제1차 APEC 정상회의에 참석하지 않았다.

를 체결했다는 점에서 볼 때, 동아시아와 FTA를 추진한 것
은 이례적이었다. 미국이 동아시아 국가들과의 무역에서 적
자를 기록하고 있기는 하지만, 중국의 외곽국가들과 FTA를
체결하거나 시도한 목적이 순수하게 무역 적자 해소에 있다
고 보기는 어려웠다.

　부시 정부가 비록 동아시아 국가들과 FTA를 체결하거나
협상을 했지만 태국에서는 군부 쿠데타로 협상이 중단되었
고, 말레이시아도 말레이계 민족 우대 조치인 부미푸트라
정책 중 정부 조달 정책 등을 두고 이견이 커서 협상을 타결
하지는 못했다. 오바마 정부 들어서는 부시 정부 시절 미국
이 테러와의 전쟁이나 북한 핵 문제에 상대적으로 더 많은
정책적 관심을 기울이면서 동아시아 문제에서는 배제될 수
도 있음을 인식하게 되었다. 2009년 7월 아세안지역안보포
럼(ARF · ASEAN Regional Forum)에 참석하기 위해 태국을 방문
한 힐러리 클린턴 국무장관은 《방콕포스트(Bangkok Post)》에
기고한 글에서 "미국과 아세안은 새로운 도전에 직면한 오
랜 친구이다."라고 선언했다.[20] 이는 아세안을 토대로 동아
시아에 개입하겠다는 말과 같았다.

---

20 Clinton, Hillary Rodham (2009. 7. 21.). Strengthening Partnership in SE Asia.
Bangkok Post.

2

동아시아 경제 협력,
이대로 충분한가?

01

역내 무역 구조로 살펴본
동아시아 경제

확대된 동아시아 역내 시장

미국은 2009년 시점에서도 동아시아의 가장 중요한 수출 시상이지만, 2000년 이전의 동아시아 경제는 대미 수출의 성과에 따라 경제 성과가 결정되었다고 해도 좋을 정도였다. 1960년대 이후 철강, 자동차 등 주요 산업에서 세계적인 경쟁력을 확보한 일본은 대미 수출을 통해 성장했다.

동아시아에서 일본은 두말할 것도 없고, 일본에 이어 공업화를 추진한 후발국들도 역내 선발국에 대한 무역수지 적자를 보전하기 위해서는 미국 시장을 이용할 수밖에 없었다. 1960~1970년대 미국 시장이 없었더라면 한국과 대만의 공업화는 불가능했을 것이다. 그러나 2000년 동아시아 국가의 대외 수출 구조는 급격히 변했다. 가장 큰 추세는 대미 수출 비중의 급격한 감소와 대(對)동아시아 수출 비중의 급격한 증가였다.

　일본의 대미 수출 비중은 1990년 31.6%였고, 2001년에도 미국은 일본 수출의 30.4%를 흡수하고 있었다. 그러나 미국의 중급 시장에서 중국 및 한국 상품에 비해 경쟁력이 낮아지면서 일본의 대미 수출은 절대 규모에서도 감소했다. 예컨대 2000년 1,429억 달러에 달했던 대미 수출은 2003년 1,154억 달러를 비롯해 2006년 1,456억 달러를 기록할 때까지 2000년 수준을 회복하지 못했다. 2008년에도 일본의 대미 수출은 1,362억 달러로 2000년 실적에 미치지 못하고 있다. 그 결과 대미 시장 비중은 지속적으로 감소해 2008년에는 17.8%까지 하락했다.

　이에 비해 동아시아 지역에 대한 수출은 늘어났다. 이미 1960년대부터 직접투자를 통해 부품과 자본재를 수출하게 된 아세안과 한국, 대만은 오랫동안 일본의 주요 시장이었다. 특히 1990년대 전반 한국 및 아세안이 경기호황을 누리고 엔화가 약세를 보였던 시기에 일본의 동아시아 수출은 급증했다. 1996년 일본이 한국과 아세안에 수출한 물량은 전체 수출의 25%에 이를 정도였다. 그러나 한국과 아세안에 대한 수출 비중은 2008년 20.8%까지 감소했고, 1996~2008년 동안 이 지역에 대한 일본의 수출 증가율은 전체 수출 증가율 5.5%보다 낮은 3.9%에 불과했다. 아세안에 대한 한국의 수출이 늘어나고 동아시아의 산업 분업이 중국으로 확산되었기 때문이다.

대신 일본의 신규 수출을 흡수한 시장은 중국이었다. 특히 대중국 수출은 2001년 중국이 WTO에 가입하고 미국에서 IT 붐이 진정되면서 급증했다. 2000년 일본의 대중국 수출은 304억 달러였으나 2003년에는 572억 달러로 늘어났고, 2009년에는 전체의 16%인 1,240억 달러로 증가했는데 이는 미국 시장 비중인 17.8%에 가까운 것이었다. 또한 2009년 미국의 수입 수요 급락에 따른 결과, 중국에 대한 수출이 전체의 18.9%로 미국 비중 16.1%보다 많아졌다. 중국이 일본 최대의 시장으로 떠오른 것이다.

일본의 수출이 미국에서 동아시아 지역으로 이동했다면 중국의 수출은 동아시아 중심에서 비(非)동아시아 중심으로 변했다. 경제 개방을 시작할 때 중국은 홍콩을 통해 세계 시장에 접근했고, 따라서 홍콩은 중국의 가장 중요한 시장이었다. 그러나 중국이 독자적으로 세계와 교역을 시작하면서 홍콩과 대만에 대한 수출은 1990년 중국 총수출의 43.8%에서 1996년 23.8%, 2008년에는 14.8%로 급락했다. 아세안과 일본 및 한국에 대한 수출 비중도 1996년 32.2%에서 2008년 20.9%로 줄어들었다.

동아시아의 비중이 감소하는 대신 중국의 수출은 전형적인 역외 수출, 특히 미국 중심의 수출로 변해갔다. 중국의 대미 수출 비중은 1990년 53억 달러로 전체의 8.5%였으나, 1992년 86억 달러로 총수출 856억 달러의 10%를 돌파한 이후 다음 해인 1993년에는 162억 달러로 급증해 총수출의 17.7%로 올라섰다. 그리고 2000년에는 522억 달러 수출에 전체의 20.9%, 2005년에는 1,629억 달러 수출에 21.4%까지 증가했다. 2009년 글로벌 금융위기로 미국의 수입 수요가 감소하면서 중국의 대미 수출은 2008년 12.5%가 줄어든 2,207억 달러에 머물렀지만, 여전히 미국은 중국 수출의 18.4%를 흡수했다.

아세안 중에서 국내 시장이 협소한 싱가포르와 말레이시아는 이미 1970년대부터 해외 시장을 이용하기 위해 수출 주도형 공업화를 추진했다. 양국은 산업 기반이 취약하고 기업가 계층이 엷었기 때문에 다국적기업을 유치하여 IC 반도체 산업을 중심으로 수출 산업을 육성했다. 이에 비해 태국, 인도네시아, 필리핀 등은 1980년대 중반 이전에는 상대적으로 수입 대체에 더 많은 관심을 갖고 있었다. 1980년대 중반 동남아의 경기침체와 플라자 합의를 계기로 본격적인 수출 주도형 공업화를 추진했지만, 역시 대량생산 제조업은 다국적기업의 투자에 의존했다. 동시에 아세안은 석유, 가스, 목재, 팜오일 등 1차 상품이 풍부한데, 이런 요소는 아세안의 지역별 수출 구조를 결정하는 배경이 된다.

싱가포르와 말레이시아의 초기 전자부품 시장은 미국이

었다. 미국 시장은 아세안 전체가 1980년대 중반 이후 수출 주도의 대외 지향형 공업화를 추진하면서 더욱 중요해졌다. 아세안은 일본 및 한국 등으로부터 직접투자 형태로 기술과 자본을 도입했고, 생산된 제품은 미국으로 수출했다. 그러나 대미 수출은 곧 타격을 받게 되었다. 요소부존도가 유사한 중국이 세계 시장에 진출하면서 미국으로 수출을 확대했고, 아세안 제품은 중국 제품과 경쟁하기 어려워졌다. 초기에는 인도네시아와 같은 노동집약적 경공업 수출 위주의 국가가 타격을 받았지만, 중국이 산업 구조를 고도화하면서 점점 태국과 말레이시아 등의 전자제품 수출에도 부정적인 파급 효과를 미쳤다. 그 결과 아세안의 대미 수출 비중은 1990년 19.4%에서 1996년 17.9%로 감소했고, 2008년에는 10.8%로 하락했다.

한편 아세안은 역내 통합을 위해 1990년대 초반부터 아세안자유무역지대(AFTA)를 추진해왔다. 선발 아세안 국가들은 동일한 성장 전략을 채택하고 경제 발전 단계도 비슷했기 때문에, 싱가포르를 제외하면 산업이 보완적이라기보다는 경쟁적이어서 역내 무역은 활발하지 않았다. 아세안은 AFTA를 설립하여 역내 무역을 촉진하고 확대된 시장 기회를 제공함으로써 역외국의 투자를 유치하고자 했다. AFTA는 역내 수출 비율을 대폭 늘리지는 못했으나 상당한 성공을 거두어 중국 등 역외 지역에서 시장이 빨리 성장했다. 그럼에도 불구하고 아세안의 역내 수출 비율은 25% 선을 유지하고 있다.

일본도 아세안의 주요 시장이다. 자원이 없는 일본이 중요한 자원을 아세안에서 수입하기 때문이다. 예컨대 2008년 말레이시아의 대일본 최대 수출 품목은 액화천연가스(LNG)로, 전체 수출의 37.4%를 차지하고 있다. 이외에도 목재, 원유, 팜오일 등이 말레이시아의 주요 수출품이다. 인도네시아도 천연가스가 대일본 최대 수출 품목이며 그 다음이 원유로, 이 두 품목이 2008년 대일본 수출의 40.5%를 차지하고 있다. 1990년대 말 이후 일본의 전체 수입 규모가 크게 증가하지 않음에도 아세안의 일본에 대한 수출 비중은 2008년 10.5%를 차지했는데, 이는 아세안의 대일본 자원 수출이 상대적으로 안정적이기 때문이었다.

한편 아세안의 대중국 수출도 외환위기 이후 급격히 늘어났다. 1996~2008년 동안 연평균 증가율은 20.8%로 전체 수출 증가율 9.4%의 2배 이상이었고, 대미 수출 증가율 4.9%에 비해서는 4배 이상이었다. 그 결과 1996년 2.9%에 불과하던 대중국 수출 비중은 2008년 9.6%에 이르렀다.

아세안의 대중국 수출이 이렇게 호조를 보인 이유로는 2가지를 들 수 있다. 첫째, 고도성장으로 중국의 자원 수요가 폭증하면서 아세안으로부터 농산물 등 1차 상품 수입을 대폭 늘렸기 때문이다. 인도네시아의 팜오일, 석유, 알루미늄, 석

탄, 천연고무, 그리고 말레이시아나 태국의 천연고무 및 팜오일 수출이 대폭 증가했다. 비록 절대 규모는 크지 않았으나 미얀마, 캄보디아 등 저개발국의 1차 상품 수출도 대폭 늘어났다. 둘째, 이미 아세안에 진출해 있던 다국적기업이 중국과의 산업 분업을 확대했기 때문이다. 싱가포르, 말레이시아, 태국, 필리핀 등의 가장 중요한 대중국 수출품은 IC 집적회로였다.

직접투자를 통한 수직분업 형성

이미 지적한 것처럼 동아시아 경제 발전의 특징은 투자를 강조한 수출 주도형 공업화이다. 일본과 한국의 투자는 주로 대기업 중심으로 이루어진 반면, 대만에서는 중소기업이 투자의 중심이었다. 물론 한국과 대만에도 다국적기업의 투자가 없었던 것은 아니지만, 아세안에 대한 투자 규모와 비교하면 얼마 되지 않았다. 1960년대 아세안에 진출한 다국적기업은 일본 및 구미계의 기업이었다. 일본이 동아시아에서 가장 먼저 다국적기업을 배출했던 것이다.

일본기업은 1960년대 한국과 대만에 진출하기 시작했으며, 인도네시아 및 태국에도 진출했다. 초기에 진출한 일본업체들은 현지의 저렴한 생산 요소를 활용하기 위해 진출을 결정하기도 했으나, 동시에 현지의 높은 관세를 우회하기 위한 목적도 있었다. 특히 일본기업은 국내에서 생산 비용이 상승하기 시작한 1960년대부터 동아시아에 직접투자로 진출하기 시작했다. 이 시기 동남아는 높은 관세로 특징되는 수입 대체형 공업화를 추진하고 있었기 때문에 일본의 내구소비재 기업들도 투자를 했다. 현재 동남아의 자동차 산업을 지배하고 있는 일본의 자동차 업체들이나 동남아 가전산업의 기반을 마련한 전자업체들은 주로 1960년대와 1970년대에 내수 시장을 목적으로 진출했다.

동아시아에서 다국적기업의 투자는 1985년 엔고를 초래했던 플라자 합의에 의해 폭발적으로 증가했다. 이전에도 일본기업은 동남아에서 수출용 상품을 생산하기도 했으나 현지 시장 지향의 생산에 더 많은 관심을 가졌다. 그러나 플라자 합의 이후 엔고가 진행되면서 국내에서 수출 경쟁력이 떨어지자 일본기업은 제3국 수출용 제품을 생산하기 위해 아세안에 진출했다. 또한 1980년대 후반에는 한국과 대만기업도 국내에서 임금 및 땅값이 상승하자 아세안으로 진출하기 시작했다. 외국인 투자가 몰려오자 태국, 인도네시아, 필리핀은 투자 제도와 환경을 개선하면서 수입 대체형 공업화에서 수출 주도형으로 성장 전략을 바꾸었다.

아세안에 진출한 동북아 기업은 대개 조립업체들이었다. 이들은 생산에 필요한 부품, 중간재, 자본재를 모기업이나 모국에서 조달했고, 이는 동북아와 아세안 무역 흐름의 가장 중요한 특징을 만들어냈다. 동북아에서 후발국은 선발국에 무역수지 적자를 기록했다. 석유 및 가스를 수출하는 인도네시아와 말레이시아는 예외였지만 아세안은 일본, 한국 및 대만에, 그리고 한국과 대만은 일본에 무역수지 적자를 기록했는데 이러한 적자는 막대한 것이었다.

예컨대 2008년 일본은 한국에 298억 달러, 대만에 241억 달러, 홍콩에 384억 달러, 싱가포르에 186억 달러 등 소위 아시아 신흥공업국(NIEs) 4국에 1,109억 달러의 흑자를 기록했다. 한국 또한 가스와 원유를 수입하는 인도네시아와 말레이시아에 각각 34억 달러 및 41억 달러의 적자를 기록한 가운데서도 아세안 전체에 대한 무역수지 흑자는 약 84억 달러에 이르렀다.

중국의 세계 시장 진출은 기존 동아시아 역내의 투자 및 무역 흐름에 변화를 가져왔다. 1990년대 말 이후 일본과 NIEs의 대중국 투자가 급증했다. 특히 외환위기로 성장 잠재력이 크게 훼손된 아세안에 대한 외국인 직접투자는 감소했고 무역도 정체되었다. 외국인 직접투자는 아세안 대신 중국으로 방향을 바꾸었다. 중국의 상품은 세계 시장에서 태국 및 인도네시아 상품 시장을 먼저 잠식한 후, 점차 한국 및 일본 시장도 잠식하기 시작했다. 대만의 경우 대만기업의 대중국 투자가 증가하면서 국내에서 산업 공동화 문제까지 불거지게 되었다. 다행히도 중국이 수출 산업을 육성하는 가운데 현지에 진출한 동북아 기업들은 과거 아세안에서 그랬던 것처럼 부품과 중간재를 모국에서 수입했다.

중국에서 수입을 유발한 기업들은 동북아에서만 수입을 확대한 것은 아니었다. 아세안의 화교기업들은 중국에 투자를 해도 주로 부동산과 서비스 산업에 했기 때문에 투자로 인한 수출은 거의 없었다. 그러나 다국적기업들은 중국에서 생산 활동을 하면서 전자부품 산업이 잘 개발된 동남아에서 부품을 조달하기도 했다. 예컨대 중국에 진출한 일본기업들은 말레이시아나 태국 등에 진출한 관계회사로부터 부품을 조달할 수 있었다. 이와 같이 중국에 진출한 다국적기업의 아웃소싱이 기존의 동북아에서 동남아로 지역적으로 확대되면서 동남아의 전자부품이 중국으로 대량 수출됨에 따라 말레이시아, 태국, 필리핀의 대중국 최대 수출 품목은 IC 집적회로가 되었다. 중국을 중심으로 다국적기업의 분업 현상이 고도화하기 시작한 것이다.

특정 제품 생산에 필요한 부품들이 이제 과거의 한두 국가(모기업이나 모국)가 아닌 다수의 서플라이어(supplier)와 국가로 다변화되었는데, 이는 전자산업에서 특히 현저했다. 이와 같이 한 제품의 생산에 다수의 생산자가 서플라이어로 참여하는 현상을 가리켜 '분절화(fragmentation)를 통한 수직 분업(vertical division of production)'이라고 한다. 즉 생산 과정에서 공정이 분리될 수 있는(분절화) 제품을 직접투자 형태

로 다수의 국가가 생산에 참여하는 생산 공유(production sharing)를 하는 것이다.[1]

분절화에 의한 생산 공유는 동북아와 동남아 간의 플라자 합의 이후 역내 선발국 기업이 후발국에 직접투자를 확대하면서 본격적으로 나타났으나, 대중국 투자가 열리면서 훨씬 복잡한 형태로 전개되었다. 그 결과 동아시아 역내에서의 무역은 특히 전자 및 기계산업에서 최종재보다 중간재 교역이 빨리 증가했다.

수직적 산업내무역 증가

전통적인 무역 이론에 따르면, 무역은 요소부존도가 다른 국가들이 각자 풍부한 생산 요소를 집약적으로 사용하는 산업의 상품을 수출하는 형태로 이루어진다. 그러므로 무역은 서로 다른 산업간무역(inter industry trade) 혹은 일방적 무역(one way trade)으로만 존재한다. 그러나 현실에서 무역의 상당 부분은 동일한 산업군 혹은 제품 간에 이루어지는 산업내무역(intra industry trade)으로 나타난다. 산업내무역은 개별

---

1 '분절화'는 한 제품을 생산하는 과정이 2개 이상의 공정으로 분리될 수 있음을 의미한다. 제조 공정이 분리됨으로써 지역에 분산되어 생산이 가능하고, 이런 분리 생산의 전체 조립 비용이 한 공장에서의 통합 생산 비용보다 저렴할 때 생산 공유가 나타나는 것이다. 분절화에는 각 지역에서 생산된 제품의 블록을 연결하는 서비스링크 비용이 발생하는데, 이 비용을 포함한 조립 비용이 통합 생산 비용보다 더 저렴해야 한다. 이러한 분절화에 의한 생산 공유를 동아시아 교역 증가의 주요 원인으로 지적하기도 한다.
Ng, Francis & Yeats, Alexander (1999). Production Sharing in East Asia : Who does what for and why?, World Bank.

국가의 특수한 요소, 규모의 경제, 제품 차별화, 불완전 경쟁 등이 주요 요인으로 알려져 있다.[2]

그런데 제품 차별화와 관련된 산업내무역은 2가지로 구분된다. 예를 들면 한국과 미국은 서로 자동차를 수출하는데, 이는 전통적 무역 이론이 설명하지 못하는 산업내무역이다. 그러나 한국과 미국의 자동차는 유사한 품질을 갖고 있음에도 기능과 디자인 등 속성(attributes)의 차별화로 소비자에게 다른 상품으로 호소할 수 있고, 품질이나 성능 또한 완전히 다르기 때문에 소비자의 구매 의욕을 자극할 수 있다. 전자의 경우 가격 차이가 크지 않으나, 후자는 가격 차이가 클 수 있다. 전자를 '수평적(horizontal) 산업내무역', 후자를 '수직적(vertical) 산업내무역'이라고 한다. 즉 수평적 산업내무역은 상품의 기능이나 디자인 등으로 차별화하는 것이고, 수직적 산업내무역은 소비자의 소득 차이에 따른 소비 수준을 반영한 품질로 차별화하는 것이다.[3]

그런데 동아시아에서는 수직적 산업내무역이 수평적 산업내무역보다 많고, 그것도 서구에서 보는 바와 같은 품질

---

2 Greenaway, David, Hine, Robert & Milner, Chris (1995. 11.). Vertical and Horizontal Intra-industry trade : A cross industry analysis for the United Kingdom. *The Economic Journal*, 105(433), 1505–1518.

3 수평적 산업내무역과 수직적 산업내무역의 구분은 제품의 질적 차이(difference in quality)가 가격에 반영되면서 가능하다고 본다. 만약 특정 상품의 교역에서 양국의 단위 수출 가격이 일정한 범주(예컨대 25%) 이내에 들어가면 질적 차이가 크지 않다고 가정하고 수평적 산업내무역으로 간주한다. 이에 비해 수직적 산업내무역은 양국의 가격 차이가 25% 이상 나는 경우로서 질적인 차이가 있기 때문이라고 가정하는 것이다. 실증 연구에서는 가격 차이의 기준을 15%나 25%로 하여 분석하고 있다.

차별화 상품(quality differentiated commodities)의 교역으로 인한 일반적인 수직적 산업내무역 형태가 아니라 전자, 기계 산업 등 국가 간의 수직적으로 분절화된 생산 공정(vertically fragmented production processes)의 부품 및 구성품 거래의 확대 때문에 나타나는 것이라고 한다.[4]

여기서는 동아시아 주요 국가 간의 무역에 대해 상품 분류 HS 8단위 상품을 기준으로 1999~2008년 동안 한국, 중국, 일본, 아세안 사이 6개 조합의 무역 구조를 분석했다. 그 분석 결과는 다음과 같은 특징을 갖고 있었다. 첫째, 전반적으로 분석 기간에 산업간무역 비율이 50% 이상이 되는 가운데 그 비율은 감소하거나 일정했다. 따라서 산업내무역 비율은 50% 이하에서 증가하거나 일정한 수준을 유지한 것이다. 산업내무역의 증가가 확실한 조합은 한국-중국, 중국-일본 등 동북아 3국이었는데, 전자의 산업간무역은 1998년 74.9%에서 2008년 48.8%로, 후자의 산업간무역은 1998년 69.9%에서 2008년 57.3%로 비중이 감소했다. 한국-아세안 조합은 유일하게 산업간무역이 1998년 52.8%에서 2008년 71.4%로 증가하여 산업내무역이 감소하고 있었다.

둘째, 동아시아의 역내 무역에서는 수직적 산업내무역이

---

4 Kimura, Fukunari (2006), International Production and Distribution Networks in East Asia : Eighteen Facts, Mechanics, and Policy Implications. *Asian Economic Policy Review*, No. 1, 326-344.

수평적 산업내무역보다 빨리 늘어나고 더 크다. 실제로 한국-중국, 한국-일본, 중국-일본, 한국-아세안, 중국-아세안의 무역에서는 수직적 산업내무역이 수평적 산업내무역보다 더 많은 것으로 나타났다. 단지 일본-아세안 교역에서만 수평적 산업내무역이 수직적 산업내무역 비중보다 더 높았다. 이는 일본의 대(對)아세안 수입 중 아세안에 진출한 일본기업의 생산제품이 많은 데 영향을 받고 있는 것으로 보인다. 또한 한국-중국, 중국-일본, 중국-아세안 무역에서는 수직적 산업내무역 비율이 증가하고 있었으나, 한국-일본과 한국-아세안에서는 감소하거나 정체 상태였다. 일본-아세안의 수직적 산업내무역도 증가하고 있었으나 그 비율 자체가 10% 수준에 불과하여 큰 의미는 없었다.

셋째, 무역 구조에서 중국의 역할이 두드러진다. 즉 중국을 중심으로 동북아는 산업내무역이 증가하고 있으며, 그 중에서도 수직적 산업내무역이 많고 증가율도 높다는 것이다. 한국-중국, 중국-일본, 중국-아세안은 수평적 산업내무역보다 수직적 산업내무역이 증가한다. 그러나 한국-아세안, 일본-아세안 간에는 산업간무역이 높은 수준을 유지할 뿐만 아니라, 한국과 아세안에서는 산업간무역 비율이 증가하고 있다. 이는 한국 및 일본의 대아세안 투자가 성숙 단계에 있고 대중국 투자는 여전히 진행 중이라는 사실을 시사한다.

일반적으로 특정 무역 대상국 간 경제가 통합될수록 산업내무역 비중은 증가하고 산업간무역 비중은 감소할 것이다. 따라서 산업간무역이 높은 수준을 유지하거나 높아진다는 것은 미래의 산업내무역 창출로 무역 확대의 기회가 있음을 의미하기도 한다.

여기서 분석하지는 않았지만, 동아시아에서는 동북아의 동남아 투자 등으로 시장이 통합되어가면서 1980~1990년 동안 산업내무역 비중이 증가하고 산업간무역 비중은 감소했을 것이다. 이 점에서 일부 국가 사이에 보이는 높은 산업간무역 비율은 산업내무역 비중의 증가라는 과거의 추세가 역전된 것이라고 볼 수 있다. 즉 이는 중국을 제외한 동아시아의 산업내무역, 특히 수직적 산업내무역이 한계에 와 있기 때문일 가능성이 크다. 따라서 중국을 제외한 아세안+2 간의 무역 증가율이 둔화된 가운데 산업간무역이 증가 경향을 보이거나 이미 높은 수준에 있다면, 향후 산업내무역 확대를 통한 무역의 증가가 사실은 어려울 수도 있음을 시사한다.

사실상 중국 중심으로 통합되고 있는 동아시아

아시아 외환위기 이후 중국을 제외한 한국, 일본, 아세안은 모두 동아시아 역내, 즉 아세안+3 지역에 대한 수출 비중을 늘렸다. 한국의 이 지역에 대한 수출 비중은 1996년 36.6%에서 2008년 40%로 증가했고, 대미 수출은 16.9%에서 11%로 감소했다. 그러나 과거 홍콩을 통해 중국으로 들어가던 상품이 직접 중국으로 수출되면서 홍콩에 대한 비중이 줄어들어 아세안+3에 대만과 홍콩을 포함한 수출 비율은 48.3%에서 47.4%로 감소했다.

일본의 아세안+3 지역 수출 비중은 한국과 아세안에 대한 비중 감소에도 불구하고 1996년 30.3%에서 2008년 36.8%로 증가했다. 특히 2001년 이후 7년 동안 9.4%포인트 늘어났다. 아세안+5(홍콩, 대만 포함)의 비중도 2001년 39.6%에서 2008년 47.9%로 증가했다. 아세안의 아세안+3 역내 수출 비율은 2001년 44.2%에서 2008년 49.5%로 늘어났고, 홍콩과 대만을 포함하면 53.9%에서 58%로 증가했다. 한국에 비해 오히려 일본 및 아세안이 동아시아 경제로 더 빨리 통합되고 있는 것이다.

외환위기 이후 동아시아 주요 지역의 대미 수출 비중 감소는 대(對)동아시아 수출 비중 증가로 나타났는데, 아세안+3 지역의 역내 통합은 특히 미국에서 경기가 후퇴하고 중국이 WTO에 가입한 2001년 이후 강화되었다. 그러나 각국의 동아시아 역내 수출 구조를 좀 더 면밀히 살펴보면 이들의 역내 수출 증가는 실상은 다른 얼굴을 하고 있다. 실제로 한국, 일본, 아세안의 역내 수출 증가는 중국에 대한 수출 증가로 나타난 과장된 현상이다. 즉 한국의 대중국 수출 비중은 이 기간 8.8%에서 21.7%로 2배 이상 늘어났고, 일본의 대중국

● 표 2-1　**동아시아의 역내 수출 구조**

(단위 : %)

	미국			중국			아세안+3			아세안+3+홍콩+대만		
	1996	2001	2008	1996	2001	2008	1996	2001	2008	1996	2001	2008
한국	16.9	20.8	11.0	8.8	12.1	21.7	36.6	34.0	40.0	48.3	44.2	47.4
일본	27.5	30.4	17.8	5.3	7.7	16.0	30.3	27.4	36.8	43.1	39.6	47.9
중국	17.7	20.4	18.6				32.2	28.6	20.9	56.0	48.2	35.7
아세안	17.9	17.9	10.8	2.9	4.3	9.6	45.7	44.2	49.5	55.1	53.9	58.0
아세안+3	21.4	23.0	15.4	4.1	7.0	13.9	36.2	33.8	34.2	49.2	46.7	45.7
아세안+3+ 홍콩+대만	21.5	23.0	15.3	7.9	12.8	19.7	37.2	35.5	37.5	49.8	48.4	50.4

자료 : IMF.

수출 비중도 5.3%에서 16%로 거의 3배 이상 증가했다. 아세안의 경우도 이 기간에 2.9%에서 9.6%로 증가했다. 결국 중국에 대한 수출 확대 효과를 고려하면, 중국을 제외한 아세안+3 역내에 대한 한국, 일본, 아세안의 수출 비중은 이 기간에 오히려 감소했던 것이다.

　이러한 결과는 중국의 독특한 위상과 관련이 있다. 중국은 개혁 개방의 시대를 거치면서 외국인 직접투자를 유치하여 수출형 제조업을 육성했다. 대만과 홍콩 기업이 1980년대 중국 화난(華南) 지역에 진출하면서 의류, 봉제, 완구, 신발 등 노동집약적 경공업을 육성하기 시작했다. 1985년 플라자 합의 이후 동남아에 활발하게 진출함으로써 동북아와 동남아 사이에 산업 분업을 만들었던 일본 및 한국기업들은 아세안에서 인건비가 상승하고 중국이 천안문 사태를 극복하자 1990년대부터 역시 중국 진출을 확대했다. 이들이 동아시아 지역으로부터 부품과 중간재를 수입하여 최종재를 생산함으로써 동아시아의 산업 분업은 중국까지 확산되었다.

이러한 산업 분업은 특히 전자산업에서 활발했는데, 전자제품은 다양한 부품으로 구성될 뿐만 아니라 공정 간 분업이 가능하기 때문이다. 이 때문에 1980년대 중반 이후 동아시아 역내에서 직접투자에 의한 부품과 중간재의 무역은 1990년대 중반 이후에는 중국이 중심적인 역할을 하는 형태로 변했다. 중국에서 생산된 최종 제품의 상당 부분은 미국과 유럽 등 선진국으로 수출되었는데, 중국이 동아시아를 대신해 부품과 중간재를 역외에 수출한 셈이었다. 그래서 이러한 제품은 비록 '메이드 인 차이나'라는 최종 생산국 표시가 붙었으나 사실은 '메이드 인 이스트 아시아'라고 할 수 있었다. 이 과정에서 동아시아는 대중국 수출이 급증하고 중국에 무역 흑자를 기록하게 되었지만, 중국의 아세안+3에 대한 수출 비율은 1996년 32.2%에서 2008년 20.9%로 오히려 대폭 감소했던 것이다.

결국 외환위기 이후, 특히 2000년대 들어 시장에 의한 아세안+3의 경제통합은 사실 동아시아가 중국을 중심으로 통합되고 있는 것이다. 한국의 경우 대중국(홍콩 포함) 수출 비중은 외환위기 직전인 1996년 17.4%에서 2005년 25.2%로, 다시 2008년 26.3%로 증가했다. 일본의 경우는 한국에 비해

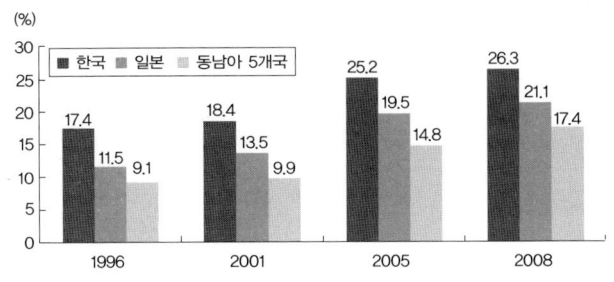

자료 : 한국무역협회(KITA).

더 빠르게 비중이 증가했는데, 1996년 11.5%에서 2008년 21.1%로 2배 가까이 증가했다. 동남아 5개국(싱가포르, 말레이시아, 태국, 인도네시아, 필리핀)의 대중국 수출 비율은 1996년 9.1%에 불과했으나 2005년 14.8%, 2008년 17.4%로 계속 증가했다.

　동아시아의 수출이 중국 중심으로 전개되고 있지만, 다른 동아시아 국가의 중국 수출 상품 흡수력이 아직 낮기 때문에 중국은 여전히 역외 시장에 의존하지 않을 수 없다. 따라서 중국을 포함한 동아시아의 경제통합 정도는 북미자유무역지대(NAFTA : North American Free Trade Agreement)나 유럽연합(EU)에 비해 훨씬 미치지 못한다. 예컨대 NAFTA의 역내 수출 비율은 1990년 42.6%에서 2005년 55.8%까지 증가했고, EU의 역내 수출 비율은 2007년 68.1%에 이르고 있다. 그러

● 표 2-2 **세계 경제 3극의 역내 수출 비율 추이**

(단위 : %)

	1990	1996	2001	2005	2008
아세안+3	26.8	36.2	33.8	35.1	34.2
아세안+5	39.7	49.8	48.4	53.3	50.4
NAFTA	42.6	46.0(1995)	55.6(2000)	55.8	51.3(2007)
EU	64.9	64.0(1995)	68.0(2000)	67.3(2006)	68.1(2007)

주 : EU는 2000년 이전에는 15국, 2000년 이후에는 27국 통계.
자료 : IMF 및 WTO.

나 동아시아가 아세안+3 체제를 발족시켰고, 중국이 수입을
확대하여 다른 동아시아 국가의 역내 수출 증가에 크게 기
여하고 있다고 해도 전체적으로 동아시아 통합은 이루어지
지 않고 있다. 다만 대만과 홍콩을 포함한 아세안+5의 역내
수출 비율은 1990년 39.7%에서 2008년 50.4%로 NAFTA에
비해 낮지 않다. 그러나 이 역시 홍콩의 중계무역 기능이 포
함되어 있기 때문에 실제보다 과장된 것이라 하겠다.

이와 같이 중국 의존도가 심화되면서 동아시아는 중국의
수출과 관련하여 중대한 문제에 부딪히게 된다. 먼저 중국
의 역외 수출이 둔화된다면 나타날 수 있는 문제이다. 중국
은 2009년 말을 기점으로 세계 1위의 수출국이 되었다. 중국
의 수출이 과거와 같이 빨리 증가할 것 같지는 않다. 따라서
동아시아의 대중국 부품 및 소재 수출도 과거와 같이 호조
를 보일 수는 없을 것이다. 또한 중국이 부품 및 소재산업을
육성함에 따라 동아시아의 대중국 수출은 둔화될 것이다.

중국이 동아시아를 대신하여 '메이드 인 이스트 아시아' 제품을 수출하는 역할을 줄이거나, 부품산업을 개발하면서 아예 그 역할을 하지 않을 가능성이 높아진다. 다시 말하면 동아시아 내의 수직적 산업내무역이 과거처럼 증가하지는 않을 가능성이 많다. 따라서 동아시아는 시급히 대책을 마련해야 할 것이다.

글로벌 경제위기의 영향

글로벌 불균형과 금융위기

미국에서 1990년대는 보기 드문 장기 호황 기간이었다. 1991~2000년 동안의 단순 평균 성장률은 3.4%였는데 1991년의 성장률이 −0.2%였다는 점을 고려하면 1992년 이후의 장기 호황은 특별한 것이었다. 그 결과 실업률도 1991년 6.9%에서 2000년에는 4%로 낮아졌다. 재정수지는 1991~1997년에는 적자를 기록했으나 1998~2000년에는 흑자를 보였는데, 2000년의 흑자 규모는 GDP의 1.6%에 이를 정도였다. 물론 미국경제의 만성질환과 같은 경상수지는 1990년대 장기 호황에도 불구하고 1991년 GDP의 0.05% 흑자를 기록한 이후 계속 적자를 보였으며 그 규모도 증가하고 있었다.

그러나 2000년 이후 미국경제는 아주 다른 모습을 보여준다. 먼저 IT 붐이 꺼지면서 2001, 2002년 경제성장률은 1%로 떨어졌고 2003년 이후 회복되었으나, 1990년대의 건강하고 높은 성장률은 2008년 글로벌 금융위기가 올 때까지 다시는 되찾지 못했다. 클린턴 정부 시절에 흑자였던 재정수지는 9·11 테러와 이라크 전쟁으로 미국이 세계 문제에 대한 개입을 확대하면서 2001년 이후 적자로 돌아섰다. 1990년대 GDP의 4%대 이하에서 억제되었던 경상수지 적자는 경기가 하락했는데도 불구하고 5% 이상으로 오히려 증가했다. 이는 경기 하락과 관계없이 미국 소비가 계속 호조를 보였기 때문이었다. 실제로 1990년대 미국 민간 소비의 GDP 비율은 이미 아주 높은 67.7%에 이르고 있었으며, 국내 저축률은 연평균 16.9%에 불과했다. 2001년 이후 상황은 더욱 나빠졌는데 2001~2006년 민간 소비 지출 비율은 70.4%로 증가했고, 국내 저축률은 14%로 하락했다.

미국의 민간 소비 호조는 수입 증가로 이어졌다. 중국의 저가 공산품이 미국에 물밀듯이 밀려와 중국제 상품 없이는 살기 어렵다는 경험적인 호소가 나오기도 했다.[5] 중국에만 무역수지 적자를 기록한 것은 아니었다. 동아시아 국가 대부분은 미국에 무역수지 흑자를 기록했다. 미국 통계에 의하면 2008년 미국의 무역수지 적자 8,000억 달러 가운데 중국에 대한 적자는 2,663억 달러, 일본에 대한 적자는 727억

---

5 Bongiorni, Sara (2007). *A Year Without "Made in China"*. John Wiley & Sons Inc.

달러였다.[6] 한국에 대한 적자 133억 달러를 포함해 미국은 동북아 3국에만 3,523억 달러의 적자를 기록했다. 또 아세안에도 말레이시아에 178억 달러, 태국에 145억 달러, 베트남에 101억 달러, 인도네시아에 99억 달러의 적자를 기록했으며, 필리핀에는 4억 달러의 적자로 거의 균형을 이루었다. 대신 싱가포르에는 129억 달러의 흑자를 기록하여 6개국 전체에 대한 적자는 398억 달러였다.

그런데 미국의 2008년 무역 적자 중 원유(HS 27) 단일 품목의 적자가 4,113억 달러에 이르렀음을 주목할 필요가 있다. 즉 미국은 비동아시아 지역으로부터 원유를 수입하고 있기 때문에 적어도 공산품에 관한 한 무역수지 적자의 대부분은 동아시아에서 발생하고 있다는 것이다. 동아시아가 미국에서 거둔 무역수지 흑자는 동아시아 경상수지 흑자의 기반이다.

여기서 동아시아의 경상수지 흑자에 대해 좀 더 설명할 필요가 있다. 시간을 거슬러 올라가보면 동아시아의 경상수지 흑자는 1990년대 후반 외환위기 이후 급증했다. 위기 이전에는 일본, 대만, 싱가포르 등이 경상수지 흑자를 기록하고

---

6 미국의 대중국 무역수지 적자는 미국 통계 기준이다. 중국과 미국의 교역 통계는 양국의 통계에 따라 큰 차이가 있는데, 미국에서는 홍콩을 경유하는 중국 상품까지 계산하지만 중국은 미국으로 직접 수출되는 부분만 집계하기 때문인 것으로 보인다. 2008년의 경우 중국은 대미 수출을 2,523억 달러로 집계했지만, 미국에 의하면 대중국 수입은 3,378억 달러에 적자만 2,663억 달러였다.

있었으나, 동아시아 대부분의 국가들은 무역수지 적자를 기록하면서 경상수지도 적자 상태였다. 특히 한국, 태국, 말레이시아 등은 대폭적인 적자를 기록하고 있었는데, 1980년대 후반부터 강력하게 공업화를 추진한 아세안의 경상수지 적자는 1990년대 동아시아 경제를 특징짓는 것이기도 했다. 아세안 5국의 경상수지 적자는 1991년 GDP의 5%에서 1992~1993년에 3% 수준으로 개선되었는데, 이는 일본 엔고의 영향이자 중국의 위안화가 고평가된 데 따른 것이었다. 그러나 적자 규모는 1994년 GDP의 4.3%, 1995년에는 5.3%로 증가했다. 1996년 5%로 개선되기는 했으나, 태국의 경우 경상수지 적자가 1995년에 이어 급증해 1996년에는 무려 GDP의 8.1%에 이르렀다. 이에 비해 말레이시아는 1995년 9.7%에서 1996년 4.4%로 적자폭이 상대적으로 둔화되었다.

그러나 1997년 아시아 금융위기 이후 동아시아의 경상수지는 흑자로 전환되었고, 시간이 지남에 따라 흑자 규모는 증가했다. 외환위기 직후인 1998년 동아시아는 한국 및 아세안 위기 전염국들의 경제가 급속히 추락하면서 수입이 감소하여 막대한 경상수지 흑자를 기록했고, 위기의 여진이 가라앉은 2001년까지 경상수지 흑자 규모가 감소하기는 했으나 그 이후에는 흑자가 지속적으로 증가했다. 특히 중국의 경상수지 흑자 규모는 2001년 GDP의 1.3%에서 2007년 11%까지 증가했고, 일본의 흑자도 2001년 2.1%에서 2007년

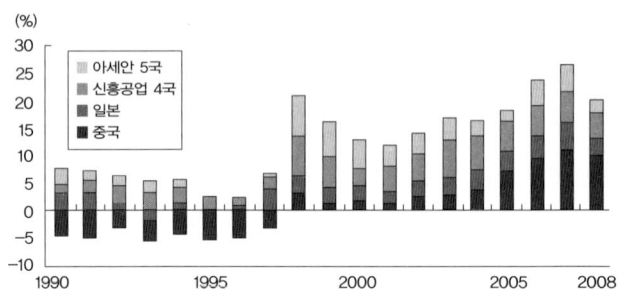

주 : 신흥공업 4국은 한국, 대만, 홍콩, 싱가포르이며, 아세안 5국은 말레이시아, 인도네시아, 태국, 필리핀, 베트남을 말한다.
자료 : IMF DB 자료를 이용해 작성.

4.8%로 늘어났다. 신흥공업국의 흑자도 2000년 3.5%에서 2003년 6.7%까지 급증했고, 이후 다소 낮아졌으나 2007년 여전히 GDP의 5.7%에 이르고 있다. 아세안의 경우도 2002년 3.7%에서 2007년 4.9%로 증가했다. 동아시아 경상수지 흑자의 증가는 동아시아 국가들이 구조조정으로 경제 효율화를 꾀한 데에도 원인이 있었지만, 미국의 소비 지출 증가로 수입 수요가 늘어난 것도 중요한 요인이 되었다.

그렇다면 동아시아는 그 흑자를 어디에 사용했는가? 동아시아의 경상수지 흑자는 상당 부분 미국으로 다시 흘러들어 갔다. 미국 재무부 통계에 의하면 2007년 6월 말 기준으로 전 세계 국가가 미국 재무부 및 정부기구에서 발행한 채권 보유 규모는 3조 2,700억 달러였으나, 동아시아 국가들이 보유하고 있는 규모는 2조 140억 달러에 이르렀다. 한국의 경우 이 시기 외환보유고 2,506억 달러에 비해 미국 재무부 채권보유액은 1,059억 달러였고, 중국과 일본은 각각 8,429억 달러 및 7,814억 달러였다. 미국의 모기지 문제가 점차 시장에 어두운 그림자를 드리우고 글로벌 금융위기로 폭발하기 직전인 2008년 6월 말에는 더욱 증가해 중국의 미국 채권보유액은 1조 달러를 넘었고, 일본도 8,000억 달러를 넘어섰다. 이와 같이 미국으로 다시 흘러들어간 동아시아의 자금은 미국 저금리의 배경이 되었다.

사실 이러한 현상에 대해 많은 사람들이 우려하고 있었다. 동아시아 국가들이 미국 재무부 채권을 더 이상 사지 않거나, 더 나아가 그 채권을 동시에 매각하게 되면 어떤 일이 발생할 것인가에 대해 많은 사람들이 우려했다. 클린턴 시절 재무장관을 지냈고 하버드 대학교 총장을 역임한 미국의 유명 경제학자 래리 서머스(Larry Summers)는 이를 '금융 테러의 균형(balance of financial terror)'이라고 부르기도 했다.[7]

이들의 우려는 단순한 걱정으로 끝나지 않았다. 미국의 소

---

7 서머스는 2004년 미국 국제경제연구소(IIE : Institute for International Economics) 연설에서 동아시아가 미국의 적자를 메우는 글로벌 불균형을 '금융 테러의 균형'이라고 불렀다. 2009년 에는 역시 IIE 연설에서 미국이 소비 기반의 경제가 아니라 수출 지향 국가가 되어야 한다고 말 했다.
Summers, Lawrence H. (2004. 3. 23.). The United States and the Global Adjustment Process. *Third Annual Stavros S. Niarchos Lecture.* Institute for International Economics. Washington, D.C. ; Bergsten, Fred & Subramanian, Arvind (2009. 8. 19.). America cannot resolve global imbalances on its own. *Financial Times.*

비자들은 저금리 상황에서 너도나도 집을 샀고, 그에 따라 미국의 주택시장에서는 버블이 형성되기 시작했다. 소비자들은 프라임 모기지 외에 서브프라임 모기지로 주택을 사기 시작했고, 금융기관들은 대출채권을 새로운 파생상품으로 만들어 세계에 팔았다. 미국의 경기가 2006년 말 정점에 이르면서 주택시장에서 문제가 발생하기 시작했다. 서브프라임 모기지 관련 상품에 투자한 금융기관의 부실이 나타나기 시작했던 것이다.

금융기관의 부실화는 단지 미국에만 국한된 문제가 아니었다. 금융의 글로벌화에 따라 유럽의 주요 은행들도 모기지 관련 상품에 투자했고, 심지어 아시아 은행들도 투자를 했다. 그 결과는 미국과 유럽의 금융계를 강타했다. 2007년 3/4분기 이후 2009년 7월 초까지 세계 주요 은행들의 부실채권(NPL) 처리를 위한 자본상각은 1조 4,685억 달러에 이르렀고, 이를 보충하기 위해 자본을 확충한 규모는 1조 2,653억 달러에 달했다. 이 중에서 북미 지역의 자본상각 규모는 9,747억 달러로 전체의 66.4%, 유럽은 31%에 이르렀다. 자본 확충 규모도 세계 전체에 대해 북미가 59.1%, 유럽이 35%이다.

그렇다면 2008, 2009년 글로벌 경제를 침체로 몰아넣었던 금융위기의 직접적인 원인은 무엇인가? 표면적으로는 미국에서 발생한 서브프라임 모기지 사태를 들 수 있다. 서브프라임 모기지를 이용해 주택을 구입했던 소비자들이 돈을 갚

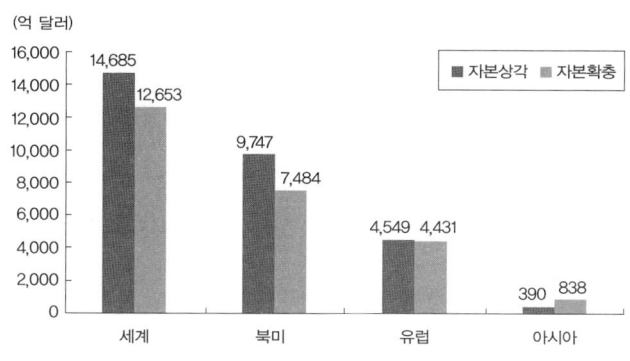

● 그림 2-3 주요 은행의 자본상각 및 확충 규모(2007년 10월 1일~2009년 7월 7일)

(억 달러)

■ 자본상각 ■ 자본확충

	세계	북미	유럽	아시아
자본상각	14,685	9,747	4,549	390
자본확충	12,653	7,484	4,431	838

자료 : ADB (2009. 7.). Asia Economic Monitor, p. 20.

을 수 없게 된 것이다.

그러나 위기의 원인을 국제 경제 질서에서 찾아보면 2가지로 정리할 수 있다. 첫째는 미국의 불건전한 거시경제 정책과 신중하지 못한 규제이다. 미국의 경기호황은 상당 부분 미국경제의 근본적인 경쟁력이 아닌, 기축통화 달러를 발행할 수 있는 미국의 위치에서 왔다. 경상수지 적자에도 미국의 소비는 호황을 보였으나 이 때문에 저축률은 낮아졌다. 이런 과정에서 고위험군에 대한 대출이 과도하게 이루어졌던 것이다. 물론 세계 금융당국은 월가로 대표되는 국제 금융기관들의 첨단 금융기법을 제대로 파악하지 못했다.

둘째는 개발도상국, 특히 중국과 일본 등 동아시아의 경상수지 흑자가 외환보유고로 축적되어 미국 등 선진국 시장으로 다시 흘러들었다는 것이다. 동아시아의 경상수지 흑자는 투자보다 저축을 많이 했기 때문에 나타난 것으로, 1990년대 후반 동아시아 금융위기 이후 세계 경제에 나타난 미국의 대규모 경상수지 적자와 동아시아의 대규모 흑자라는 글로벌 불균형의 한 얼굴이다.[8] 이러한 동아시아의 저축 과잉이 선진국, 특히 미국의 저금리에 의한 자금 조달을 가능하게 하고 주택 버블을 야기한 간접적 원인이 되었던 것이다. 즉 동아시아의 저축 과잉을 글로벌 금융위기의 직접적인 원인이라고 말하기는 어렵지만, 적어도 이는 글로벌 위기의 배경에 중요한 현상으로 자리 잡고 있다.

글로벌 위기로 타격받은 동아시아

글로벌 금융위기의 직접적인 시작은 미국이었지만, 글로벌화로 세계 경제가 통합되면서 동아시아도 영향을 받지 않을 수 없었다. 글로벌 금융위기와 함께 세계 경기는 급속히 하강했다. 세계 성장률은 2008년 시장 환율 기준으로 2%에 그쳤는데, 이는 2007년 3.8%에 비해 거의 절반으로 떨어진 것이다. 선진국의 성장률은 2007년 2.7%에서 0.8%로, 신흥시장의 성장률도 8.3%에서 6%로 하락했다. 미국의 성장률은

---

8 ADB (2009). Asian Economic Outlook 2009, pp. 53–56.

2%에서 1.1%로 떨어졌고, 유로 지역도 2007년 2.7%에서 2008년에는 0.8%로 더욱 낮아졌다. 신흥시장에서는 중국이 9%, 인도가 7.3%의 높은 성장률을 달성했으나, 이들도 2007년의 13% 및 9.4%보다는 훨씬 낮은 성장률을 보였다. 세계 경제가 급락하자 IMF는 2009, 2010년 경제성장률 전망을 계속 수정하지 않으면 안 되었다.[9]

경기악화가 특히 심각한 미국과 유럽에서 민간 소비와 기업 투자가 침체되면서 세계 교역도 감소했다. 2009년 7월 IMF 전망에 따르면 세계 전체의 상품 및 서비스 교역 증가율은 물량 기준으로 2007년 7.2%에 이르렀고 글로벌 위기의 영향을 받은 2008년에도 2.9%로 플러스 성장을 했으나, 2009년에는 −12.2%로 감소할 것으로 전망되었다. 선진국의 수입은 더욱 악화되어 2008년 0.4% 증가에서 −13.6%로 대폭 감소할 것으로 예측되었으며, 신흥시장의 수입은 이보다는 양호하지만 2008년의 9.4% 증가에서 −9.6%로 전환되리라 전망되었다.[10]

금융위기가 동아시아에 영향을 미치는 1차적 경로는 금융시장과 자본시장이었다. 사실 동아시아는 1990년대 말 외환

---

9 IMF는 일반적으로 10월에 연차 총회를 앞두고 다음 연도의 세계 경제 전망 보고서를 발표한 뒤 다음 해 4월 수정을 하는 것이 일반적이었다. 그러나 글로벌 위기로 경제 전망의 오차가 커지면서 2008년 10월, 11월, 그리고 2009년 1월, 4월, 7월에 각각 경제 전망치를 수정해 발표했다.

10 IMF (2009). World Economic Outlook Update, An update of the key WEO projections. 〈http://www.imf.org/external/pubs/ft/weo/2009/update/02/pdf/0709.pdf〉(2009. 7. 8.)

위기를 거치면서 강력한 구조조정을 단행했고, 금융기관이나 기업의 체질은 강화되었다. 예컨대 태국의 부실채권 비율은 2000년 17.7%에서 2007년 7.9%로, 인도네시아는 34.4%에서 9.3%로, 말레이시아는 15.4%에서 6.6%로, 한국은 8.9%에서 0.7%로 낮아졌다. 중국의 경우 2000년대 초반 국유은행의 부실채권 규모가 전체 자산의 40% 선에 이른다는 평가가 있었으나, 2008년 중국 국유은행의 부실채권 비율은 2% 남짓했다. 즉 2007년 하반기 이후에 발생한 글로벌 금융위기에서 동아시아의 금융기관들은 상대적으로 건강을 유지할 수 있었다.

그러나 동아시아의 금융기관이 건강하다고 해도 금융의 글로벌화 심화로 영향을 받지 않을 수 없었다. 일부 국가에서는 자본이 유출되면서 외환보유고가 급감하고 환율도 상승했다. 2008년 말 시점을 기준으로 보면 한국, 인도네시아, 말레이시아 등 대부분의 국가에서 외환보유고가 감소했다. 한국의 원화 가치는 막대한 외환보유고에도 불구하고 2008년 8월 이후 2009년 2월까지 월평균 환율 기준으로 27.1%나 하락했고, 같은 기간 인도네시아의 루피아도 22.7% 하락했다. 한국 및 인도네시아 정도까지는 아니었지만, 일본 엔화를 제외하고는 대부분의 동아시아 통화 가치가 하락했다.

주가도 폭락했다. 2008년 8월 말 대비 2009년 2월 말의 주가를 보면 일본의 닛케이 250 주가는 42.1%, 인도네시아의 자카르타 지수는 40.7% 하락했다. 필리핀, 태국, 싱가포르 등의 주가도 30% 이상 하락했고, 가장 적게 하락한 말레이시아와 중국 상하이 종합지수도 거의 20%가 빠졌다.

동아시아의 금융시장은 자본 유출이 일단락되고 주식시장도 안정되면서 2009년 3월 이후에는 안정을 되찾기 시작했다. 그러나 문제는 해결되지 않았다. 글로벌 금융위기가 궁극적으로 선진국의 경기하강과 이에 따른 수입 수요의 감소를 낳았기 때문이다. 동아시아의 최대 시장인 미국의 수입은 2008년 7.5% 증가했으나, 2009년 25.8% 감소했다. EU의 수입도 2009년 11월 말 기준(유로화 기준) 22.1% 감소했는데, 이는 2008년의 4.7% 성장에 비해 큰 변화였다. 일본의 수입은 엔화 기준으로 2007년 8.9%, 2008년 7.9% 증가했으나 2009년에는 34.9%나 감소했다.

주요 시장의 수입이 줄어들면서 동아시아의 수출은 글로벌 금융위기 이후 급속히 악화되었다. 한국의 수출은 2008년 11월 전년 동기 대비 19.5% 감소를 시작으로 2009년 들어서도 계속 줄어들었고, 2009년 전체 수출은 2008년 대비 13.9% 감소했다. 중국의 수출도 2008년 11월 −2.2%를 시작으로 계속 감소했으며, 2009년에는 수출 환경이 더욱 악화되어 전체 수출이 16% 감소했다. 일본의 수출도 2009년 상반기 전체에서 36.8% 감소했고, 하반기 들어 감소폭이 다소 둔화되었으나 2009년 전체에서는 여전히 33.1%나 감소했다.

아세안 주요국의 경우도 수출이 대폭 줄었다. 아세안 선발국들의 수출은 2008년 4/4분기부터 급감했다. 수출 증가율에는 국가별로 다소 차이가 있으나 전반적으로 모두 타격을 받았다. 특히 자원이 없고 반도체 등 일부 품목에 크게 수출을 의존하는 국가들의 수출 감소폭이 컸다. 필리핀의 경우 2008년 4/4분기에 이미 수출이 22.5% 감소했고, 2009년 9월 말 누계 28.9%나 줄어들었다. 인도네시아의 수출도 2009년 9월 말 25.6% 감소했다.

글로벌 경기침체가 금융시장에 미친 부정적인 영향은 제한적이었지만, 실물경제에 미친 영향은 심각했다. 동아시아는 수출의 정체 혹은 감소로 재고가 쌓여 생산을 줄일 수밖에 없었다. 한국, 일본의 산업 생산도 대폭 줄어들었다. 아세안에서는 해외 의존도가 낮은 인도네시아를 빼고는 대부분 산업 생산이나 제조업 생산이 감소했다. 해외 의존도가 특히 높은 싱가포르의 경우, 제조업 생산은 이미 2008년 2/4분기부터 감소했다. 산업 생산의 하락은 실업을 낳고, 민간 소비를 둔화시키며, 기업의 투자를 저해한다. 예컨대 글로벌 금융위기 이후 중국의 수출기업들이 도산하면서 2,000만 명의 농민공들이 일자리를 잃고 고향으로 돌아가야만 했다.

동아시아 국가의 성장률은 둔화되었다. 한국의 경제성장률은 2008년 4/4분기에 전년 동기 대비 −3.4%였고, 2009년 1/4분기에도 −4.3%였다. 이와 같은 마이너스 성장률은 정부가 강력하게 경기부양 정책을 실시했던 중국이나 제조업 의존도가 상대적으로 낮은 인도네시아와 필리핀을 제외하고는 대부분 겪은 일이었다. 특히 일본의 경우 성장률은 2009년 1/4분기에 −8.3%, 2/4분기에도 −6.5%에 이르렀다. 경기후퇴는 동남아에서 더 심각하게 나타났다. 2009년 1/4분기 싱가포르의 성장률은 −9.5%, 태국의 성장률은 −7.1%에 달했다. 말레이시아의 성장률도 −6.2%였다. 다행히 이들 대부분의 국가가 마이너스 성장을 계속하기는 했으나 2/4분기 들어서는 성장률의 하락폭이 줄어들었다.

동아시아의 지역적 대응

글로벌 위기가 확산되면서 전 세계 차원의 대응이 필요해졌다. 2008년 11월에는 G20 정상회의가 처음으로 워싱턴에서 개최되었다. 서방 선진국 외에 한국, 인도네시아 등이 정규 멤버가 되어 참석한 회의에서 G20은 위험에 대한 충분한 인지 없이 시장 참여자들이 고수익을 좇아 행동하고 적절한 주의를 기울이지 않은 데에서 글로벌 위기가 시작되었다고 평가했다.

이들은 이미 개별 국가들이 경기를 진작하고, 유동성을 공급하고, 금융기관의 자본을 강화하고, 저축과 예금을 보장하고, 규제에서 흠결을 보완하는 등의 노력을 했으나 아직도 추가적인 노력이 필요하다고 선언했다. 미국의 차기 대통령으로 당선된 오바마가 불참한 가운데 분명한 협력안을 만들지 못하고 IMF의 역할을 강조하는 데 그쳤지만, 큰 의의는 있었다.[11] 이후 G20은 영국 런던과 미국 피츠버그에서 정상회의를 열었고, G8을 대체할 수 있는 기구로 성장하리라 기대되었다.

한국의 이명박 대통령은 위기 발발 직후 바로 대응하기 위해 한·중·일 3국의 금융 정상회의를 열자고 제안했다. 이에 따라 2008년 12월 13일 3국은 일본의 후쿠오카에서 제1회 정상회의를 개최했다. 그동안 동북아 3국의 정상회의는 아세안+3 정상회의 장소를 이용하여 1999년 이래 개최되어왔지만 공식화된 것은 아니었고, 특히 일본의 역사 교과서 문제로 인해 열리지 않은 해도 있었다. 동북아 3국의 정상회의가 공식적으로, 그것도 동북아 영토 내에서 개최된 것은 처음이었고, 이는 역사적으로 큰 의의가 있었다.

한국의 이명박 대통령, 중국의 원자바오 총리, 일본의 아소 다로 총리 등 3국 정상은 '한·중·일 3국 동반자 관계를 위한 공동성명'에서 3국 경제가 역동적이고 밀접하게 연결되어 있으며 문화 및 인적 연대가 강력하다고 선언했다. 그리고 정상회담이 역내 평화와 지속 가능한 개발로 이끄는 3국의

---

11 G20은 보호주의에 대해 심각하게 생각하고, 정상 성명서에서 "금융 불확실 속에서 보호주의를 거부하고 국내로 회귀하지 않는 것이 결정적으로 중요하다. 다음 12개월 동안 투자 및 상품과 서비스 교역에 새로운 장벽을 쌓지 않고, 수출을 촉진하기 위해 WTO 원칙과 위배되는 조치를 취하지 않겠다."라고 선언했다. 이 내용은 곧이어 열린 APEC 정상회의 선언문에도 그대로 실렸다.

새로운 파트너십의 시대를 위한 길을 열어줄 것이라며 다른 회합과 독립적으로 한·중·일 3국 간의 정상회의를 계속 개최하기로 했다. 정상회의는 이 공동성명 외에도 '국제 금융 및 경제에 관한 공동성명', '재난 관리 협력에 관한 공동 발표문', '한·중·일 협력 증진을 위한 행동 계획' 등을 발표했다.

특히 '협력 증진을 위한 행동 계획'은 정치, 경제, 환경 및 과학기술, 사회 문화, 국제 무대에서의 협력 등 다방면에서 3국의 협력을 확대하기로 했다. 행동 계획의 목적은 다양한 분야에서 3국 간 협력 사업들에 대한 구체적 추진 계획을 제시하는 것이며, 각 협력 사업별 추진 현황은 매년 '3국 협력에 관한 실적 보고서'를 통해 점검하기로 했다. 그리고 2, 3년마다 3국이 교대로 행동 계획을 작성하기로 했다. 무역 투자 등 경제 협력을 위해서는 2009년부터 FTA에 대해 좀 더 구체적인 연구를 실시하기로 했으며, 가능한 한 빨리 3국 투자 협정을 체결하기로 했다. 이외에도 에너지, 물류, 세관 절차, 산업의 공동 관심사에 대한 협력을 강화하기 위해 연락 시스템을 구비할 수 있는지 검토하기로 했다.

아세안+3 차원에서는 각각 명암이 있었다. 제도적 차원에서 아세안+3은 역내 협력의 진전에 대한 요구에도 불구하고 큰 타격을 입었다. 2008년 말 태국에서 개최하기로 했던 아세안+3 정상회의는 글로벌 위기 대응 등을 논의해야 했으나 태국의 정치적 불안으로 열리지 못했고, 2009년 4월에는 정상들이 태국에 집결했음에도 불구하고 회의장에 시위 군중이 난입하면서 역시 무산되고 말았다. 아세안+3은 결집력이나 정체성에 대해 외부의 차가운 눈길을 받아야 했고, 상당한 이미지 실추를 감수할 수밖에 없었다.

무역 분야의 제도적 협력에서는 다소 진전이 있었다. 동아시아자유무역지대(EAFTA)에 대한 2단계 연구가 2009년 6월 말에 끝나 8월 15일 아세안+3 통상장관회의에 보고되었다. 보고서는 '동아시아자유무역지대의 바람직하고 가능한 대안(Desirable and Feasible Option for an East Asia FTA)'으로서 아세안+3의 경제 발전 격차를 인정하고, 점진적이고 현실적으로 FTA를 추진해야 한다고 주장했다. 그리고 FTA를 순조롭게 추진하기 위해서는 역내 저개발국의 발전을 위한 경제 협력이 이루어져야 하며, EAFTA를 실현하기 위해서는 이미 발효 중이거나 발효할 한국-아세안, 중국-아세안, 일본-아세안 FTA를 통합하는 것이 바람직하다고 강조했다.

보고서는 EAFTA 협상을 늦어도 2012년에는 시작해야 한다고 했으나, 통상장관들은 이를 수용하지 않은 대신 정부 관리가 참여하는 원산지 규정, 관세 분류 체계, 통관 관련 이슈, 경제/개발 협력 등 4개의 실무작업반(working group)을 구성, 운영하기로 했다. 이제 민간 전문가들의 연구에서 발전해 정부 관리가 참여하는 격상된 논의의 장이 마련된 것이

	국가	분담금(억 달러)	분담금 대비 인출 비율(배율)
동북아 3국 (80%, 960억 달러)	한국(16%)	192	1
	일본(32%)	384	
	중국(32%)	384 (중국 342, 홍콩 42)	
아세안 10국 (20%, 240억 달러)	브루나이	0.3	5
	캄보디아	1.2	5
	인도네시아	47.7	2.5
	라오스	0.3	5
	말레이시아	47.7	2.5
	미얀마	0.6	5
	필리핀	36.8	2.5
	싱가포르	47.7	2.5
	태국	47.7	2.5
	베트남	10	5

사료 : 기획재정부 (2009. 5. 3.). 제12차 아세안+3 재무장관회의 결과 보도자료.

나. 그림에도 불구하고 실무작업반의 작업 기한은 설정되지 않았다.

아세안+3의 금융 협력 분야에서는 무역 분야보다 더 큰 진전이 있었다. 2009년 5월 아세안+3 재무장관회의에서 기금 규모 1,200억 달러의 치앙마이 이니셔티브(CMI) 재원 배분에 합의한 것이다. 앞서 2008년 5월의 아세안+3 재무장관회의에서는 총 규모 800억 달러에 동북아와 아세안이 80대 20으로 분담한다는 원칙에 합의했다.

그러나 동북아 3국은 장차 동아시아통화기금(EAMF)으로 발전할 기금의 자국 지분이 높아야 한다고 생각해 분담률은 쉽게 정해지지 않았다. 하지만 위기 이후 협력의 필요성이 높아지면서 중국과 일본이 각 32%, 한국이 16%를 분담하기로 합의했다. 위기 발생 시 아세안 저개발국들은 최대 5배까지 인출할 수 있도록 했으며, 일본은 0.25배, 중국은 0.5배로 제한했다. 이와 같은 공동기금의 조성은 기존의 CMI가 EAMF로 전환되고 있음을 의미한다. 금융 협력의 완성을 위해 필요한 역내 경제 감시기구에 대해서는 가급적 조기에 독립기구를 설립하되, 임시로 아시아개발은행(ADB : Asian Development Bank)이나 아세안 사무국을 활용하여 감시 기능을 강화하기로 합의했다. 또한 연말까지 CMI의 다자화 합의를 구체화하기 위한 법률 작업을 조속히 진행하기로 했다.

아시아 채권시장 발전 방안(ABMI) 논의에서도 역내 신용보증투자기구(CGIM : Credit Guarantee Investment Mechanism)의 구체적인 설립 방향에 합의하는 성과를 거두었다. CGIM의 초기 자본금을 5억 달러 규모로 하여 ADB 내에 독립된 펀드 형태로 설립하기로 합의한 것이다.[12]

---

12 기획재정부 (2009. 5. 3.). 제12차 아세안+3 재무장관회의 결과 보도자료.

동아시아 경제가 직면한 과제

수출 환경 악화에 대한 대응

동아시아는 1960년대 이후 수출 주도형 공업화를 통해 성장하여 미답 중심의 농업 지역에서 세계의 공산품 생산 기지로 발바꿈했다. 이 과정에서 동아시아 국가들은 일본을 선두로 하여 흔히 안행형 발전이라 불리는 순차적인 발진을 이루었다. 동아시아의 안행 형태 수출 주도형 성장은 적어도 1990년대 전반까지는 유효하게 작동했다.

그러나 1990년대 들어 일본의 경기침체가 시작되고 중국이 세계 시장에 진출하면서 동아시아 경제 성장의 특징으로 작용하던 안행형 발전은 무너지기 시작했다. 일부 국가는 수출 주도형으로 성장이 가능하지만, 모두가 이 전략을 쓰면 교역 조건이 악화되어 문제가 발생할 수 있다는 합성의 오류 현상 때문이었다.

그러나 동아시아가 당장 내수 주도형으로 성장을 전환한다는 것은 현실적으로 어렵다. 첫째, 단기적으로 수출 의존도를 축소하면 성장 둔화를 감수할 수밖에 없다. 수출 의존도가 가장 낮은 일본조차도 경제 성과는 수출에 크게 의존하고 있다. 아시아 신흥공업국은 물론이고 아세안도 마찬가지이다. 둘째, 동아시아 국가들은 자원이 부족하다. 인도네시아와 말레이시아 등이 일부 1차 상품을 생산하고 있으나 다른 국가들은 모두 원유, 목재, 원료당, 광물제품을 수입하지 않으면 안 된다. 이러한 수입품의 일부는 수출용으로 사용되기도 하지만 순수 내수용 수입도 많다.

그러나 동아시아의 수출 환경은 악화되고 있다. 특히 글로벌 금융위기는 장기적으로 동아시아의 수출 환경을 악화시킬 것이다. 비록 2008, 2009년의 글로벌 금융위기가 우려와는 달리 세계 각국의 재정 지출 확대와 중국, 인도, 인도네시아 등 일부 신흥시장에서의 경기호조로 대공황(great recession)이 아닌 대안정(great stabilization)으로 귀결되는 것 같지만[13] 세계 경제는 여전히 위험에 노출되어 있다. 동아시아도 당연히 영향을 받을 것이고, 1990년대 외환위기의 파급 효과가 단기에 그친 반면 오히려 중장기적으로 파급 효과를 미칠 것이다.

---

13 The great stabilization. (2009. 12. 19. ~ 2010. 1. 1.). *The Economist*, p. 13.

그 내용을 구체적으로 평가하자면, 먼저 선진국의 수입 수요가 과거와 같이 빠르게 증가하지 않을 가능성이 크다. 즉 선진국이 글로벌 위기를 극복하고 다시 성장세로 전환한다고 해도, 동아시아의 선진국에 대한 수출은 과거와는 다른 저성장의 우울한 시대로 들어가게 될 것이다.

첫째, 과거와 같이 미국을 위시한 선진국의 활발한 민간 소비 성장은 기대할 수 없다. 미국의 민간 소비는 1990년대와 2000년대 미국경제 성장을 이끌었다. 예컨대 2001∼2007년 민간 소비 지출은 연평균 2.9% 성장해 GDP 성장률 2.4%보다 훨씬 높았다. 특히 이 기간 동안 민간의 내구 소비 지출은 5.6% 늘어났다. 덕분에 미국의 상품 수입은 실질 가격으로 4.4% 증가해 수출 증가율 3.5%를 크게 상회했다. 실제로 미국의 민간 소비 지출이 GDP에서 차지하는 비중은 70% 수준에 이르고 있다.

그러나 민간 소비 지출이 적어도 당분간은 미국경제 성장을 견인할 수 있을 것 같지 않다. 미국의 고용 상황은 수년 내 대폭 개선되지 않을 것이므로 가처분소득 역시 큰 폭으로 증가하지 않을 것이다. 여기에 민간의 채무는 여전히 높은 수준에 있다. 미국정부도 이를 잘 알고 있어 새로운 성장 원천을 찾기 위해 노력하고 있다. 오바마 정부는 이미 전 세계에 미국이 더 이상 세계 최후의 소비자나 수입자(world's consumer and importer of last resort)가 되지 않겠다는 신호를 보내고 있다. 백악관 국가경제위원회(NEC) 래리 서머스 위원장은 미국경제가 소비에 기반한 것이 아닌 수출 지향형 경제, 금융의 묘기(妙技)가 아닌 실물 활동에 의존하는 경제가 되어야 한다고 말했고, 가이트너 재무장관도 미국경제 성장의 균형 회복을 주장하고 있다.[14] 2009년 11월 APEC 회의에 참석하는 도중에 일본, 싱가포르, 중국, 한국을 순방한 오바마 대통령도 가는 곳마다 불균형 성장을 일으키는 행위를 계속할 수는 없다고 주장했다.

둘째, 보호주의도 아세안+3 국가들이 대처해야 하는 주요 과제가 될 것이다. 미국 등 무역수지 적자국들이 국내 상품 사용을 강조하거나, 외국의 수입에 대해 국내 기업을 보호하기 위한 정책을 쓸 수 있기 때문이다.[15] 2009년 초 오바마 대통령이 취임한 직후 미국은 공공사업에 미국산 철강제품을 사용토록 하는 '바이 아메리칸(Buy American)' 정책을 수용했고, 9월에는 중국산 타이어 제품에 관세를 부과하도록 했다. 미국과 선진국이 모두 G20에서 보호주의를 배격하자고 주장하고 있으나, 국내에서 실업률이 급속히 높아지는

---

14 Bergsten, Fred & Subramanian, Arvind (2009. 8. 19.). America cannot resolve global imbalances on its own. *Financial Times*.
15 글로벌 위기 이후 가장 급변한 국가가 바로 미국이다. 미국은 경제를 살리기 위해 오바마 정부가 출범한 이후 막대한 재정을 투입하여 금융기관을 재생시키려 노력하고 있다. 뿐만 아니라 다양한 보호주의를 채택했는데, 경기부양 정책에 사용하는 미국산(産)을 우선 구매하도록 하는 소위 '바이 아메리칸'을 시행하려고 했다. 2009년 9월에는 중국산 타이어에 대해 향후 1년간 추가로 35% 관세를 부과하기로 했다. 이런 보호주의는 일부에서 야만 행위(vandalism)로 부르기도 했지만 확산 경향을 보일 것이다.
Economic Vandalism. (2009. 9. 19.). *The Economist*, p. 13.

가운데 생산자의 압력에까지 저항하는 것은 쉽지 않았다.

셋째, 선진국의 민간 소비 지출 둔화나 보호주의가 단기 혹은 중기적으로 영향을 미친다면 좀 더 근본적, 지속적으로 수출 환경을 악화시킬 요인이 또 있다. 바로 글로벌 불균형의 해소 과정에서 나타날 수 있는 미국과 중국의 알력 또는 이에 따른 불확실성이다. 사실 향후 10여 년간 세계 경제는 글로벌 불균형의 해소라는 큰 숙제를 두고 미국과 중국이 서로 갈등하고 협력하는 시기가 될 것이다.

역사적으로 보면 1980년대 초 미국은 일본에 막대한 무역 수지 적자를 기록하면서 소위 80년대의 글로벌 불균형에 직면해 있었다. 1985년 미국의 경상수지 적자는 GDP의 3%에 이르렀는데, 이를 줄이기 위해 미국은 다른 선진국들과 공조해 소위 플라자 합의를 이끌어냈다. 플라자 합의 이후 일본은 엔화 가치 상승 속에서 경기를 지탱하기 위해 지급리 정책과 재정 지출을 확대함으로써 장기적으로 일본경제의 문제를 만들어냈다. 플라자 합의 이후 미국의 경상수지 적자는 점점 감소하여 1991년 GDP 0.047%의 흑자를 기록하기도 했다. 하지만 경제성장률은 −0.2%였고, 결국 성장 둔화로 총수요가 줄어들어 경상수지 적자가 감소한 것이었다. 이후 미국의 경상수지는 다시 적자로 전환되었고 증가했다.

이처럼 당시의 불균형을 없애기 위한 국제적 공조에도 불구하고 불균형 해소는 오랜 기간이 걸렸고, 결국 경기침체를 통해 목표가 실현되었다. 그렇다면 이런 역사가 반복될 것인가? 현재 미국의 경상수지 적자는 1980년대 전반보다 훨씬 더 크다. 2007년 적자는 GDP 대비 5% 이상이었다.

미국은 경상수지 적자를 줄이기 위해 국내 저축을 늘리고 중국에 대한 압박 정책을 쓸 것이다. 성장률은 둔화되고 수입 수요는 정체할 것이다. 중국은 일본처럼 미국의 말을 잘 들어 대폭적인 평가절상을 하지는 않겠지만, 그렇다고 하지 않을 수도 없을 것이다. 결국 미국의 압력과 중국의 저항이라는 불확실성은 향후 10여 년은 계속된다고 보아야 한다. 이러한 과정을 통해 글로벌 불균형이 해소된다면 동아시아는 지속적으로 불확실한 수출 환경에 직면하게 될 것이다.

중국 중심의 역내 교역 보완

동아시아는 세계의 공장 역할을 하고 있다. 글로벌 금융위기에 대한 반성으로 내수 주도의 경제로 전환하겠다는 의욕을 보이기도 하지만 단기간에 이루어지지는 않을 것이다. 결국 수출은 적어도 10년 이상은 동아시아 경제의 가장 중요한 부문이 될 것이다. 여전히 동아시아는 수출, 그것도 선진국 시장에 의존하지 않을 수 없다.

동아시아 역내 교역의 특성에서 살펴본 것처럼 아세안+3의 역내 수출 비중은 1996년 이후 다소 증가했는데, 이는 중국에 대한 수출이 급증했기 때문이다. 중국을 제외한 다른 국가 간의 역내 수출 비중은 오히려 1996년보다 더 낮아졌다. 예컨대 일본의 아세안+2에 대한 수출 비중은 1996년 25%에서 2008년 20.8%로 감소했고, 아세안의 경우는 같은 기간 42.8%에서 39.9%로 줄어들었다. 한국도 26.1%에서 18%로 급감했다. 물론 비중이 감소했다고 해서 수출이 증가하지 않은 것은 아니지만, 그럼에도 역내 경제의 통합이라는 기대에는 미치지 못하고 있다는 것이다.

중국 중심의 통합은 동아시아 국가들의 입장에서 볼 때 바람직스러운 것만은 아니다. 향후 전개될 상황이 동아시아에 2개의 파급 효과를 미칠 것이다. 하나는 부정적인 영향이요, 다른 하나는 긍정적인 효과가 될 것이다.

첫째, 부정적인 효과는 중국을 통한 제3국 수출이 과거와 같이 호조를 보이지 않을 가능성이 크다는 것이다. 동아시아가 중국에 수출하는 상당 부분은 중국의 수출 상품에 사용되는 부품과 중간재였다. 따라서 선진국의 수입 수요 정체에 의해 중국의 수출이 타격을 받는다면 다른 아세안+3의 대중국 수출도 부진해질 것이다. 중국의 수출은 2007년 25.7% 증가했으나 2008년에는 17.3%로 증가율이 둔화되었고, 2009년에는 −16%로 줄어들었다. 그 결과 중국의 수입은 2007년과 2008년 각각 20.8% 및 18.3% 증가했지만, 2009년에는 11.6% 감소했다.

선진국의 수입 수요 정체 외에도 중국의 수출에 대한 압력은 계속될 것이다. 미국은 대중국 무역 적자를 줄이기 위해 위안화의 평가절상을 요구하고 있으며, WTO 체제가 취약한 가운데 보호주의도 다양한 형태로 나타날 수 있다. 비록 중국이 미국의 요구를 그대로 따르지는 않을 것이고 선진국 소비자도 중국 상품 없이는 살기 어렵겠지만, 중국의 수출 환경은 악화될 것이다.

또한 중국의 소재 및 부품산업이 발전하고 있다. 중국에 진출한 조립업체들은 우회 수출이든, 중국 내 판매용이든 상품의 가격 경쟁력을 높이기 위해 부품업체들의 동반 진출을 장려하고 있다. 중국정부도 수입 대체 및 부품산업 발전을 위해 부품업체들의 투자를 요구하고 있다. 나아가 중국의 자체 부품업체나 소재업체들도 눈부시게 발전하고 있다. 중국에서 부품산업의 규모의 경제가 나타나고 있기 때문이다. 이러한 중국의 수입 대체 현상 때문에 국내 부품 조달이 늘어나 중국의 수입-수출 연계가 약화되고 있다.[16]

둘째, 긍정적인 효과로 중국이 수출보다는 내수, 특히 소비 주도의 경제로 전환한다면 동아시아에는 기회가 될 수 있을 것이다. 즉 중국 내에서 소비될 수 있는 소비재 수출을 확대할 수 있다. 중국의 민간 소비는 2008년 GDP의 37% 수준이었다. 중국이 소비 확대를 위해 좀 더 진지하게 정책적

16 Li, Cui & Syed, Murtaza (2007). The Shifting Structure of China's Trade and Production (IMF Working Paper WP/07/214). IMF.

노력을 기울인다면 민간 소비는 2013년에 45% 수준으로 상승할 것이다. 이렇게 되면 중국의 민간 소비 규모는 2005년 불변 가격 기준으로 2008년 1조 1,142억 달러에서 2013년 2조 75억 달러로 증가할 것으로 전망된다. 적어도 9,000억 달러의 신규 소비가 발생하는 것이다.

그러나 이러한 소비 증가가 동아시아 국가의 대중국 수출을 얼마나 늘릴 수 있을지는 불확실하다. 중국의 2013년 예상 소비 규모는 같은 해 예상되는 미국의 민간 소비 규모 9조 6,010억 달러의 22% 수준에 불과하다.[17] 또한 중국의 소비재 시장에서 동아시아의 상품이 중국 상품과 경쟁할 수 있는가 하는 점이 중요하다. 중국기업은 동아시아 기업보다 현지 시장과 유통 구조를 더 잘 알 것이며, 현재 상태에서 중국정부 또한 수입 소비재가 시장에 넘쳐나도록 원할 것 같지는 않다. 중국은 2009~2011년 동안 10대 산업을 집중적으로 개발할 계획인데, 이에 의하면 내수 확대로 생긴 신규 수요에 대해서는 10대 산업에서 활동하고 있는 중국기업들의 공급을 늘릴 것이다. 이렇게 되면 동아시아가 중국에 소비재 수출을 늘리겠다는 기대는 쉽게 이루어지지 못할 수 있다.

결국 중국의 내수가 충분히 개발되기 전까지는 중국 중심으로 급속히 확대된 동아시아의 수출은 부정적인 영향을 더

---

17 박번순 (2009. 4.). "중국의 경기부양정책과 소비시장 가능성" (Issue paper). 삼성경제연구소.

크게 받을 것으로 보인다. 이 점에서 역내 무역과 관련해 아세안+3 체제는 크게 2가지 중요한 과제를 안고 있다. 중국을 제외한 아세안+2 국가 사이의 교역 확대와 중국의 수출을 흡수할 수 있는 아세안+2의 능력 확충이다. 중국을 제외하더라도 동아시아의 시장 규모는 결코 작지 않다. 2008년 기준 중국의 수입 규모는 1조 1,132억 달러이지만, 아세안+2의 전체 수입 규모는 그보다 더 많은 2조 1,433억 달러에 이른다.

문제는 동아시아가 수출 주도형 공업화를 추진하면서 수입보다는 수출에 더 많은 관심을 기울여 내수용 수입이 많지 않다는 것이다. 가장 큰 시장인 일본의 경우에도 2008년 총수입 7,561억 달러 중 소비재라고 할 수 있는 부문은 식료품 608억 달러, 비내구소비재 422억 달러, 내구소비재 461억 달러 등이었다. 한국이 세계 유수의 자동차 수출국으로 부상했지만 일본에서는 한국산 승용차가 거의 팔리지 않고 있는 실정이다. 더구나 동아시아에서 가장 큰 일본 시장은 인구 정체와 고령화로 수입 증가율이 극히 낮다.

소비재 수입이 많지 않다는 점에서는 한국도 동일하다. 2008년 한국의 총수입 4,353억 달러 가운데 수출용 수입은 1,775억 달러로 40.8%에 이르렀다. 1996년 이 비율은 32.3%였는데 한국의 경제 구조가 오히려 수출 지향적으로 바뀌고 있는 셈이다. 아세안 지역 경제는 외환위기로부터 회복하는 과정에서 역시 해외 시장에 성장을 의존하고 있었기 때문에 지난 10여 년간 수입 증가율이 크지 않았다.

중국을 제외한 역내 국가들 간의 무역을 확대하고, 나아가 중국 상품에 대한 수입 흡수력을 높이기 위한 방안은 무엇일까? 가장 장기적이고 근본적인 방법은 아세안 저개발국의 경제를 성장시키는 것이다. 아세안의 인구는 2008년 거의 6억 명에 달했고, GDP는 2007년 1.3조 달러에 이르렀다. 하지만 1인당 소득은 약 2,200달러로 아직 낮은 수준이다. 특히 잠재력은 높지만 경제 발전 단계가 낮은 인도네시아, 필리핀, 베트남, 미얀마 등이 성장하면 큰 시장을 형성할 수도 있다. 따라서 이들이 순조롭게 성장할 수 있도록 하는 것이 중요하다.

역동적 산업 분업의 유지

동아시아에서는 1980년대 중반 이후 산업내무역이 증가채 왔고, 그 중에서도 특히 수직적 산업내무역이 증가하면서 역내 무역을 촉진시켜왔다. 그러나 수직적 산업내무역의 증가 속도는 둔화될 가능성이 크다. 앞에서 지적한 것처럼 중국의 역할과 관련하여 중국이 동아시아를 대신하는 수출 창구 역할을 해주기가 점점 어려워지기 때문이다. 중국의 수출은 2003, 2004년 연 35% 정도 성장했고, 수입은 그 이상 증가했다. 이제 선진국이 그렇게 빠른 수출 증대를 흡수하기는 어려울 것이고, 교역 조건도 악화되어 물량이 크게 증가하더라도 금액은 그리 많이 증가하지 않을 수 있다. 더구나 중국은 부품산업을 육성하고 있다. 중국 자체의 부품기업도 발전하고 있으며, 일본 및 한국의 부품기업들도 조립업체와 함께 중국에 진출하여 부품을 생산하고 있다. 이 점에서 동아시아형의 수직적 산업내무역 증가율은 둔화될 것이다.

따라서 동아시아에서 무역을 지속적으로 창출하기 위해서는 역내 분업의 역동성을 강화해야 한다. 2008년까지는 중국과 다른 동아시아 국가 간의 수직적 산업내무역이 증가했지만 그 증가 속도는 저하될 것이고, 장기적으로 한국-일본과 같이 증가하지 않고 하향 정체 현상이 나타날 가능성이 크다. 선진국의 수입 수요도 둔화되고 있을 뿐만 아니라, 이미 세계 1위의 수출국으로 부상한 중국의 수출이 과거와 같은 고도성장을 할 수 있으리라 기대하기도 어렵기 때문이다. 또한 중국이 부품산업의 국산화 등을 추진함에 따라 동아시아로부터의 부품이나 중간재 수입도 과거와 같이 높은 증가율을 보이지는 못할 것이다.

실제로 동아시아에서는 산업내무역보다 산업간무역이 증가하는 경우도 보인다. 아직 중국과의 무역에서 나타나는 현상은 아니지만 한국-일본, 한국-아세안, 일본-아세안 등 분절화에 의한 생산 공유가 이미 충분히 개발되어 있거나, 중국으로 산업 분업의 중심이 이전하면서 비중국 국가들 간의 교역을 확대하기 위해 새로운 분야를 찾다 보니 산업간무역이 증가했을 수도 있다. 어느 경우라 해도 상당한 의미가 있다. 산업간무역은 무역 참가국의 자본, 노동, 자원 등 요소부존도의 차이에 따라 발생하며, 개방 초기에는 무역의 이익이 크기 때문에 빨리 증가할 수 있다. 그러나 개방이 가속화되고 무역 참가국의 시장 통합이 심화되면 산업간무역의 증가 속도는 저하되기 마련이다.

따라서 시장 통합이 충분히 이루어진 상황에서는 산업간무역보다는 산업내무역이 더 빨리 증가하게 되며, 무역 창출의 잠재력도 이 분야에서 더 크다. 실제로 한 연구에 의하면 2000년 역내 무역에서 동아시아의 산업간무역 비율은 68.7%인 데 비해, EU의 산업간무역 비율은 34.1%에 불과했다. 동아시아의 수직적 산업내무역 비율은 23.7%, 수평적 산업내무역 비율은 7.6%였으나, EU는 각각 40% 및 25.8%를 나타내고 있었다.[18] 즉 경제통합이 심화된 EU의 경우 동아시아와 비교할 때 산업내무역, 그것도 수평적 산업내무역 비율이 상대적으로 높은 것이다.

이 점에서 수직적 산업내무역보다는 유럽과 같이 역내의 수평적 산업내무역 창출에 더 많은 관심을 가져야 한다. 수

---

18 동아시아는 중국, 일본, 아세안 4국(인도네시아, 말레이시아, 태국, 필리핀)과 NIEs3(홍콩, 한국, 싱가포르), 그리고 EU는 벨기에, 덴마크, 프랑스, 독일, 그리스, 아일랜드, 이탈리아, 룩셈부르크, 네덜란드, 포르투갈, 스페인, 영국을 말한다.
石戸光 외 (2003. 6.). "東アジアにおける垂直的産業内貿易と直接投資" (RIETI Discussion Paper 03-J-009). table 2-6.

평적 산업내무역은 동일한 상품군에 속하는 상품이 교역되며, 기능이나 디자인 등에서 소비자의 기호가 달라지면서 차별화된 최종 제품의 교역 확대를 의미한다. 따라서 이러한 무역이 발생하기 위해서는 무역 참여국들의 소득이 증가하면서 선호나 기호가 다르게 나타나야 한다. 동시에 현재 극심하게 나타나고 있는 동아시아 국가 간 소득 격차가 축소되어야 한다. 특히 중국의 점증하는 소득 격차 확대를 완화하고 중산층을 형성해간다면 수평적 산업내무역의 가능성은 더욱 커진다.

그러나 중국과 관련해서는 한국 및 일본-중국, 아세안-중국으로 구분해서 분업에 대한 고려를 해야 한다. 먼저 한국 및 일본-중국의 관계에서는 양측의 소비재나 자본재 분야에서 수평적 산업내무역이 중요한 역할을 하게 될 것이다. 중국이 소비의 역할을 더욱 높이기 위해 정책적 노력을 기울이고 1인당 소득도 빠른 속도로 증가하고 있기 때문에 내구소비재 시장이 급속히 확대되고 있다. 예컨대 자동차 시장을 보면 2009년 중국의 자동차 판매대수는 1,360만 대로 46% 증가했다. 미국을 제치고 처음으로 세계 1위의 자동차 시장이 되었는데, 향후 중국의 자동차 수요는 미국보다 더 빨리 증가할 것이다.

이와 같이 거대한 시장에서 소득이 증가하면서 소비자의 기호는 급속히 변하고 다층화할 것이다. 따라서 중국이 범용 대량생산 제품에 비교우위를 갖고 있다면, 한국과 일본은 동일한 제품군을 생산해도 좀 더 기능이 다양하고 디자인이 세련된 제품을 생산할 수 있을 것이다. 즉 부품과 중간재 교역도 중요하지만, 최종 소비재의 대중국 수출을 늘릴 수 있는 형태로 분업을 진전시켜야 한다.

일본-중국 혹은 한국-중국에 비해 아세안-중국의 관계는 더욱 복잡하다. 중국의 산업 성장은 아세안의 산업 발전에 엄청난 영향을 줄 수 있다. 2008년까지 양측의 수직적 산업내무역은 증가했으며, 무역을 통해 양측은 모두 이익을 보았다. 그러나 장기적으로 그런 관계가 유지될지는 불확실하다.

중국은 동남아에 비해 더 풍부한 노동력을 갖고 있고 내수시장도 크기 때문에 기업이나 산업은 규모의 경제를 누릴 수 있다. R&D 지표로 본 아세안의 기술 역량은 중국에 비해 훨씬 뒤진다. 따라서 중국 상품이 아세아 상품보다 더 고급 제품이 될 가능성이 많다. 동시에 중국의 농촌에서는 여전히 수억의 인구가 근대 부문으로 이동할 수 있다. 아세안-중국 간의 관계는 제조업에서의 수평적 산업내무역을 확대한다는 형식으로 진전되기 어려울 것이다. 오히려 필리핀, 태국, 말레이시아 등 전자부품에 수출 집중도가 높은 국가들은 중국기업과의 경쟁에서 밀릴 수 있다.

물론 아세안이 산업 다각화를 통해 중국과 직접 경쟁하지 않고 틈새시장을 찾아가 공존하는 모델을 만들어갈 수도 있

● 표 2-4 **주요 국가의 R&D 관련 지표(2006)**

	R&D 지출 (對GDP)	국민 1인당 R&D 지출(달러)	기업의 R&D 지 출(100만 달러)	내국인의 특허 등록 건수
싱가포르	2.31	716	2,073	464
말레이시아	0.64	37.3	844	83
태국	0.24	7.7	198	60
인도네시아	-	-	-	16
필리핀	0.12	1.4	67	-
한국	3.22	592	22,110	59,355
일본	3.32	1,185	115,766	116,806
미국	2.61	1,135	241,809	82,910
중국	1.42	28.7	26,008	16,807

주 : 내국인 특허 등록 건수는 2004~2006년 기간 평균.
자료 : IMD. The World Competitiveness Yearbook 2008.

다. 이러한 틈새시장은 제조업보다는 서비스 산업에서 우선 찾을 수 있을 것이다. 중국의 소득이 증가하면서 중국 관광객이 동남아로 쏟아져 들어올 것이다. 물론 제조업을 버리기는 곤란하다. 인도네시아, 베트남, 필리핀 등 후발 공업국들은 여전히 많은 인구가 농촌에서 거주하며 근대화를 기다리고 있다. 따라서 제조업의 성장이 당분간 계속되어야 한다. 하지만 말레이시아의 자동차나 태국의 전자산업 등이 중국과 경쟁하여 장기적으로 견디기는 어려울 것이다. 따라서 제조업을 육성하되 동남아 자원에 기반을 둔 분야를 찾아야 할 것이다. 나아가 아세안은 중국기업의 투자를 적극적으로 유치해야 한다.

수출 환경 악화에 대응한 내수 확대

동아시아의 대외 의존도가 과도하게 높다는 점은 1990년대 말의 외환위기에서도 드러났다. 그에 따라 성장의 원천을 내수 중심으로 전환해야 한다는 주장이 힘을 얻기도 했지만, 동아시아의 대외 의존도는 오히려 증가했다. 한국의 GDP 대비 상품 수출 비율(수출 의존도)은 1996년 23.3%에서 2008년에는 45.4%로 증가했고, 중국의 경우는 1996년 17.6%에서 2008년 33%로 증가했다. 외환위기가 처음 발발했던 태국의 1996년 수출 의존도는 30.7%였으나, 2008년에는 67.4%로 2배 이상 높아졌다. 일본의 수출 의존도 또한 1996년 8.9%에서 2008년 16%로 증가했다. 동아시아 대부분이 수출에 따라 경제 성과가 좌우된 것이다.

외환위기 이후에도 동아시아의 수출 의존도가 높아진 가장 중요한 이유는, 구조조정을 거치면서 경제 성장의 역동성이 낮아진 동아시아가 민간 소비나 투자보다 수출을 통한 경기 회복에 나섰기 때문이다. 또한 당시 외환위기 전염국들인 태국, 인도네시아, 한국, 필리핀 등은 막대한 외채를 안고 있었기 때문에 수출로 외화를 벌어 외채를 갚을 수밖에 없었다. 경기회복을 위해서나 외화 가득을 위해서 동아시아 국가들에는 수출이 생명줄과 같았고, 그 결과 필리핀과 후발 아세안을 제외한 동아시아 대부분이 무역수지와 경상수지 흑자를 기록하게 되었다.

그러나 무역수지와 경상수지 흑자가 정착되었다고 해도 수출 의존도가 높은 동아시아 경제에 아무런 문제가 없는 것은 아니었다. 외환위기 이전에 문제가 되었던 교역 조건 악화 현상은 여전했다. 예컨대 한국의 순교역 조건(net barter terms of trade)은 2000년 100에서 2007년 72까지 떨어졌다. 물론 여기에는 수출 상품의 가격 하락 효과 외에 수입 상품, 특히 원자재 가격의 상승효과가 포함되어 있으나, 1996년 순교역 조건이 126이었다는 점에서 지속적인 하락을 확인할 수 있다.

교역 조건 하락은 중국, 말레이시아, 싱가포르, 태국 등에서도 동일하게 나타나는 현상이고, 일본 역시 2000년 100에서 2003년 105.4로 개선되는 듯하였으나 2007년까지 다시 86으로 하락했다. 교역 조건이 악화된다는 것은 한 나라의 국민경제가 무역으로 눈에 보이지 않는 손실을 본다는 뜻으로, 국내총생산(GDP)의 성장과 관계없이 실질국민총소득 (GNI)은 그만큼 성장하지 않는다는 것을 의미한다. 더구나 높은 수출 의존도는 2008, 2009년의 글로벌 경기침체에서 건강한 금융 시스템에도 불구하고 동아시아가 경기침체를 겪을 수밖에 없었던 이유이기도 하다.

따라서 동아시아는 수출 의존도를 축소하고 내수 확대에 관심을 가져야 한다. 이미 지적했듯이 글로벌 금융위기가 해소되어도 동아시아의 수출 환경은 크게 개선되지 않을 것이다. 동아시아의 주요 시장이었던 선진국에서는 정부, 가계, 기업 등 모든 경제 주체가 재무 구조를 개선해야 한다. 정부는 경기회복을 위해 재정 지출을 확대하면서 생긴 채무를 줄여가야 하고, 기업은 구조조정을 해야 한다. 고용 사정은 계속 정부나 가계의 골칫거리일 것이다. 이 때문에 G20 회의장에서 개방의 확대를 약속한 대통령이나 총리들은 국내에 도착하자마자 높은 실업률, 수요보다도 많은 과잉 생산 능력, 정부 채무의 축소 문제에 부딪혀 자신이 서명해 발표한 성명의 내용을 잊을 수밖에 없을 것이다.

수출 환경 악화는 동아시아의 대외 지향형 발전 모델에 대한 심각한 도전이다. 수출이 과거와 같이 빨리 증가하지 않는다면 동아시아는 과잉 생산 능력을 갖게 되고, 투자는 활성화되지 않을 것이다. 당연히 일자리도 늘어나지 않는다. 계속 미국 및 유럽 시장에 의존한다면 동아시아는 계속 이들 경제의 혼들림에 좌우될 것이다. 또한 역외 시장의 수입 수요 정체는 동아시아 국가 간의 경쟁을 다시 한 번 촉발시킬 수 있다. 1990년대 전반 세계 경제가 호황을 보이는데도 이 같은 경쟁은 동아시아의 교역 조건을 악화시켰다. 이 점에 비추어보면, 선진국의 수입 수요가 과거와 같은 급증세를 보이지 않을 경우 동아시아 국가 간의 경쟁은 더욱 심화될 것이다.

동아시아는 지금 대안시장을 마련해야 한다. 그 중 하나가 바로 동아시아 국가의 내수시장이다. 그렇다면 동아시아에서 내수를 어떻게 확대할 것인가? 한 나라 국민경제의 경상수지는 저축과 투자의 차이에 따라 좌우된다. 국내 저축이 투자보다 많은 경우 경상수지는 흑자가 되고, 반대의 경우 적자가 된다. 아세안+3 국가 중 경제 발전 초기에 있는 베트남과 캄보디아, 폐쇄경제인 미얀마를 제외하면 대부분이 투자보다 저축이 많아 경상수지가 흑자이다. 투자가 저축보다 적은 이유는 저축이 지나치게 많거나, 지나치게 투자가 적기 때문이다.

먼저 투자 측면을 보자. 동아시아에서는 1990년대 외환위기 이전에는 투자가 저축보다 많았으나, 위기 이후 과소투자 현상이 나타나고 있다. 위기에 직접 전염된 한국의 경우 1990년대 전반의 투자는 GDP의 30% 후반대였으나, 1998년 이후에는 30% 선에 미치지 못하고 있다. 위기가 발생했던 태국의 경우 2006년 이후 다소 회복될 때까지 투자율은 20% 중반에 머물러 있었다. 말레이시아도 1990년대 중반 투자율이 40% 선을 상회했으나, 역시 2000년대 이후에는 20% 초반으로 급락했다. 당초 투자율이 낮았던 필리핀의 경우 2000년대 이후 투자율은 10% 중반에 그치고 있다. 다만 중국만이 급격히 투자율이 상승했는데, 1990년대 중반 40%를 웃돌던 투자율은 1990년대 후반과 2000년대 초반 30% 선으로 하락했으나, 2003년 이후에는 지속적으로 40% 선을 상

회하고 있다.[19]

현재의 투자율이 1990년대 전반에 비해 낮은 것은 사실이지만, 동아시아 국가가 정말로 투자가 부족한지는 획일적으로 답하기 어렵다. 적어도 일본, 싱가포르, 한국 등에서 투자를 대폭 늘리는 일은 쉽지 않을 것이다. 일본은 이미 잃어버린 10년 동안 인프라에 엄청난 투자를 했다. 그래서 흔히 사람이 다닐 것 같지 않은 섬들까지 다리로 연결해 "갈 수 없는 섬에까지 다리를 놓았다(nowhere to bridge)."는 말까지 들었다. 실제로 신칸센은 일본 전역을 연결하고, 수십 개의 지방공항도 완공되어 있다. 싱가포르의 경우도 마찬가지이다. 싱가포르는 이미 세계에서 가장 효율적이고 잘 갖추어진 공항과 항구를 보유하고 있다. 주택 보급률도 거의 100%에 이르고 있다. 싱가포르에 얼마나 더 투자가 필요할 것인가? 동아시아에서 글로벌 불균형의 주범으로 인정되는 중국의 투자율은 이미 충분히 높아 투자율을 떨어뜨리는 것이 더 긴급한 과제이다.

물론 투자가 필요한 동아시아 국가들도 있다. 경상수지의 GDP 비율이 5% 이상 되는 소위 잉여국들인 중국, 홍콩, 대만, 말레이시아, 싱가포르 중에서 대만과 말레이시아는 발

---

19 금융위기 이후 동아시아 국가의 투자율 하락에 대한 설명은 여러 가지가 있다. 위기의 후유증, 중국의 높은 투자로 인한 구축 효과(crowding out), 위기 이후 기업의 신중해진 투자 결정과 전반적인 투자 환경 악화 등이다.
   ADB (2009). Asian Economic Outlook 2009, p. 61.

전 수준에 비해 지나치게 투자율이 낮다. 여기에 기차 속도가 아직도 20년 전과 같은 태국, 인프라가 절대적으로 부족한 필리핀, 경제 개발 초기에 있는 캄보디아 등도 투자가 필요할 것이다.

동아시아의 저축을 보면 좀 더 다른 상황을 발견할 수 있다. 실제로 경상수지 흑자가 큰 국가들의 저축률은 높다. 2008년 중국의 저축률은 50.4%였고, 싱가포르와 말레이시아의 저축률도 50% 및 42.2%에 이르렀다. 한국, 홍콩, 대만, 인도네시아, 태국 등의 저축률은 30%를 약간 웃돌았다. 만성적인 경상수지 흑자국인 일본의 경우 저축률은 2007년 23.9%에 달했다.

저축의 주체는 정부, 기업, 가계이며 정부의 저축은 재정수지로 나타난다. 그런데 경상수지 흑자국인 중국, 말레이시아, 일본 등은 재정수지가 적자이다. 즉 정부 부문은 오히려 빚을 내고 있다는 것이다. 특히 일본의 경우 정부 채무는 2009년 말 GDP의 200%를 상회하고 있다. 결국 동아시아에서 저축은 기업이나 가계의 저축이다. 따라서 기업은 투자를 하고, 가계는 소비를 늘려야 한다.

사실 동아시아에서는 투자 부족보다는 저축의 과잉이 더 큰 문제이다. 결국 소비를 높이면서 삶의 질을 개선해야 한다. 1960년대 이후 동아시아는 숨 가쁘게 성장해왔지만 삶의 질은 유럽이나 미국에 비해 여전히 떨어진다. 심지어 일본의 생활 수준조차도 열악한 주거 환경, 더 긴 노동 시장, 불완전한 사회 안전망 등으로 선진국에 비해 열악하다. 따라서 동아시아의 생활 수준을 향상시키기 위해서는 가계의 저축률을 낮추고 소비를 확대해야 한다.

2008년 민간 소비 지출의 GDP 비중은 중국이 37% 수준, 한국이 55%, 말레이시아와 싱가포르는 40% 전반 수준, 일본 및 태국의 경우도 60% 미만이었다. 반면 미국의 민간 소비 지출은 70.1% 수준이었다. 중국, 싱가포르, 말레이시아 등에서 민간 소비 지출을 늘리기 위해서는 공평한 소득 분배와 사회 안전망 구축 등이 필요하다. 특히 경제 성장 과정에서 이들은 다른 동아시아 국가에 비해 소득 불균형이 악화되었다. 아시아개발은행(ADB)의 추정에 의하면 1993~2004년 중국의 지니계수는 40.74에서 47.25로 증가했고, 최하위 20% 소득 그룹 대비 최상위 20%의 소득은 7.57배에서 11.37배로 악화되었다.[20] 중국의 소득 분배 개선은 사회적 불안을 막고 건전한 소비를 확대하기 위해 필수적인 요소가 되었다.

물론 동아시아가 소비 주도의 경제 구조로 전환하려고 해도 단기간에는 쉽지 않을 것이다. 가계는 지속적인 소득의 흐름이 보장될 때 소비를 하지만, 고용 없는 성장으로 가고 있는 과정에서 가계 소비가 급격히 확대되기는 어렵다. 예

---

20 ADB (2007). Inequality in Asia, Special Chapter Key Indicators 2007.

컨대 일본과 같이 인구가 늘어나지 않고 고령화되는 국가에서 정부의 재정 적자가 과도하게 누적되면 가계나 정부가 소비를 확대하기는 어려울 것이다. 특히 정부가 일시적으로 경기진작을 위한 재정 지출을 확대할 수는 있겠지만 지속하기는 어렵다. 이 점에서 동아시아 역내의 관광 등 인적 교류 확대도 소비 지출을 확대하는 데 도움이 될 것이다. 이런 분야가 활발해지면 서비스 산업에 대한 투자도 증가할 것이다.

3

동아시아 경제공동체는
대안이 된 것인가?

01

동아시아 경제공동체의 필요성

동아시아 경제의 안전판이 될 경제통합

그렇다면 현재 동아시아 경제가 직면하고 있는 다양한 과제를 해결하는 방법은 무엇인가? 글로벌 금융위기 이후 세계 경제의 짐중하는 불확실성과 장기적인 수출 환경 악화, 대중국 수출 중심으로 전개되는 동아시아 역내 교역의 불안정성, 중국의 산업 발전에 따른 수직적 산업내무역의 한계, 그리고 역내 소비 수요 확대 등의 과제를 해결할 수 있는 완전한 해결 방법은 존재하지 않을 것이다. 선진국의 소비 수요 확대를 포함하는 경제의 고도성장, 세계 경제에 영향을 미치지 않을 정도로 완벽한 미국과 중국의 정책 공조를 통한 글로벌 불균형의 해소, WTO 및 IMF 등 국제 질서를 규율하는 시스템의 완전한 복원 등은 동아시아의 안정적 성장에 도움이 될 것이다.

그러나 이러한 외부적 환경이 동아시아가 바라는 대로 전개되지는 않을 것이다. 그렇다고 해서 동아시아가 손을 놓고 기다릴 수도 없다. 다시 한 번 아세안+3을 중심으로 한 동아시아가 기존의 시장에 의한 통합을 제도적 통합으로 발전시켜야 한다. 즉 동아시아의 미래 전략가들은 동아시아 경제 공동체를 추진하는 데 관심을 가져야 한다. 다행히도 대외 수출 환경 악화에 대한 시장의 창출, 역내 교역의 균형적인 발전, 수평적 산업내무역의 확대를 통한 역동성 회복, 그리고 대안시장으로서 동아시아 각국의 내수 확대는 동아시아 경제통합을 통해 어느 정도 해결할 수 있다. 실제로 동아시아 경제는 대외 의존도와 글로벌 불균형을 줄이고, 나아가 세계 금융시장의 불안정성에서 벗어나 역내 국가들의 안정적인 성장을 확보하기 위해 장기적으로 단일한 시장으로 통합해가야 한다.

사실 동아시아는 막대한 잠재력을 갖고 있다. 아세안의 인구는 6억 명에 이르고 중국의 인구는 그 2배나 더 많아 아세안+3 전체의 인구는 2007년 21억 명에 육박했다. 이는 EU 5억 명의 4배 이상이고, 미국 3억 명의 7배 정도이다. 반면 아세안의 1인당 평균 소득은 2007년 기준 약 2,200달러, 중국의 1인당 소득도 2008년 3,300달러 정도에 불과하다. 장기적으로 이 지역의 1인당 소득이 1만 달러 수준으로 육박하게 되면 동아시아 내에는 엄청난 시장이 창출될 수 있다. 동아시아 경제공동체가 창설된다면 이 막대한 시장 잠재력을 좀 더 빨리 현실화시킬 수 있다는 것이다.

경제공동체는 제도적으로 역내의 무역과 투자에서 발생하는 거래 비용을 줄이고, 국가 간의 협력을 강화하면서 외부적 불안정성을 줄일 수 있다. 아세안+3이 역내 관세를 철폐할 수 있다면 역내에서 무역이 창출되면서 외부에서 오는 수출 환경 악화에 대응할 수 있다. 다행히도 아세안과 동북아 3국이 각각 FTA를 체결했다. 이를 확대 발전시켜 동아시아자유무역지대(EAFTA)를 완성해갈 필요가 있는 것이다. EAFTA를 통해 일본, 한국 등 역내의 고소득 국가가 농산물 등의 개방을 확대하고 중국이 서비스 산업 개방을 확대한다면 새로운 교역이 창출될 수 있다.

동아시아에서 역내 무역과 투자의 자유화가 이루어지고 인력 이동이 좀 더 활성화되면 장기적으로 이 세계 경제가 발전할 수 있을 것이다. 특히 한국, 일본, 중국이 아세안과의 무역 자유화와 원활화 등에 좀 더 적극적인 자세를 갖는다면 역내 무역이 증가하여 아세안 국가들의 발전에 도움이 될 것이다. 인도네시아, 태국, 필리핀에서 비교우위 산업이 개발되고, 메콩 강 유역의 인도차이나 지역도 더 많은 투자가 이루어질 것이다. 동아시아의 노력에 따라 미얀마는 보다 더 개방되어 세계 시장으로 나올 수 있을 것이다. 비록 전통적인 제조업에서 중국과 경쟁하기는 어렵겠지만, 아세안은 자체적으로 큰 시장이 있고 농업 기반이 강하며 일부 서비스업에서는 세계적 경쟁력을 자랑한다. 아세안의 소득 증가는 현재 중국 중심의 교역을 다소 교정할 수 있는 시장을 제공할 것이다.

동아시아의 경제통합은 동아시아 내부의 산업내무역을 확대시킬 수 있다. 중국의 산업 기반 강화 속도로 볼 때, 중국과 다른 아시아 국가 간의 수직적 산업내무역은 과거와 같은 성장세를 보일 것 같지는 않다. 또한 시장 규모와 인구 그리고 산업 기반을 고려하면, 중국은 장기적으로 섬유산업에서부터 최첨단 기계산업까지 모든 산업에서 경쟁력을 가질 수 있다. 따라서 일반적인 경제 발전 단계의 차이나 자본, 노동, 기술 등 부존요소의 차이에 의해 발생하는 산업간무역이 중국과의 무역에서 증가할 가능성은 크지 않을 것이다.

물론 중국이 산업화의 진전에 따라 아세안에서 1차 자원과 농산물을 수입할 가능성은 있다. 그러나 아세안이 공업화에서 후퇴하여 다시 한 번 농업국이나 1차 상품 수출국으로 되돌아갈 수는 없는 일이다. 또한 중국의 시장 규모를 고려하면 부품이나 중간재에서도 충분히 규모의 경제를 달성할 수 있을 것이다. EAFTA로 관세가 철폐되고 무역 비용이 감소하면 일본, 한국기업과 중국기업 간의 남아 있는 기술 수준 격차 및 중국과 아세안 기업과의 기술 수준 격차는 제품 차별화를 통한 수평적 산업내무역을 창출할 가능성이 크다.

또한 EAFTA로 아세안+3 지역이 하나의 시장으로 통합되어가면 동아시아 국가들의 민간 소비 지출도 늘릴 수 있다. 즉 역내에서 무역 장벽이 제거되면 가격 하락 효과가 나타날 것이다. 가격이 하락하면 역내 실질소득이 증가하여 소비를 촉진시킬 수 있다. 소비가 증가하여 투자가 활발하게 전개된다면 고용이 창출될 것이다. 이렇게 된다면 동아시아는 역외 시장에 대한 의존도를 줄이고, 좀 더 안정적으로 경제를 운용할 수 있을 것이다.

아세안+3 체제는 경제공동체를 지향하면서 금융 및 외환 부문의 협력을 한층 강화할 수 있다. 선진국, 특히 미국의 수입 수요가 정체되면 글로벌 불균형은 줄어들겠지만 단기간에 해결될 것 같지는 않다. 더구나 글로벌 불균형을 줄이기 위한 급격한 조정은 동아시아 수출국 경제에 큰 타격을 줄 것이다. 이렇게 된다면 수출 시장에서 상호 경쟁하는 동아시아 국가들은 큰 불확실성에 직면하게 된다. 따라서 동아시아의 경제 협력을 확대하여 장기적으로 동아시아 국가의 유동성 문제에 대응하고 환율 공조를 할 필요가 있다.

더구나 동아시아는 동북아의 정치적, 경제적 갈등 문제를 해결할 필요가 있다. 아세안 중에서 특히 미얀마 문제를 해결해야 한다. 중국과 아세안 국가 간의 남중국해를 둘러싼 갈등 문제도 있다. 이러한 아세안+3 역내의 갈등 문제는 경제적으로 역내 국가들의 지분이 커지면 커질수록 순조롭게 해소될 수 있을 것이다.

마지막으로 아세안+3이 경제공동체를 추진해가면서 동아시아인의 삶의 질은 훨씬 다채로워지고 높아질 것이다. 경제공동체 추진 과정에서 동아시아인들은 심리적으로 더욱 가까워질 것이다. 이미 활성화된 관광 교류는 각국의 수도뿐만 아니라 지방까지 연결하고 있다. 동아시아에서 열리는 축구 경기에 응원단이 단체로 방문하는 일은 이제 낯설지 않다. 동아시아 경제공동체는 민족주의에 함몰된 동아시아인들의 의식과 행동반경을 넓혀주고, 다른 나라의 문화까지 향유하게 할 것이다.

우호적으로 변하는 동아시아 경제공동체 추진 환경

동아시아는 1960년대 이후 글로벌 경제의 자유화와 함께 성장했다. 그 결과 동아시아 국가의 지도자들이나 정책 입안자들은 전 세계적 자유화가 가장 바람직하다고 생각하는 경향이 있다. 또한 성장 과정에서 동아시아 국가들은 제2차 세계대전 이후 정치, 안보적으로 미국과 밀접한 관련을 맺었고, 경제적으로 미국 시장을 이용했다. 즉 동아시아에는 미국이 세계의 지도국이자 가장 중요한 동맹국이었다. 이와 같은 의식은 동아시아 경제공동체를 추진해가는 데 지도적 위치에 있어야 할 한국, 일본 등에서 특히 각별했다.

더구나 중국의 급격한 부상은 역내외 국가들에 부담이 되었다. 동아시아 역사 속에서 행사했던 영향력을 중국이 재현하며 동아시아에 군림할지 모른다는 우려를 하게 된 것이다. 고도성장으로 형성된 중국인들의 강력한 민족주의가 동아시아에 어떤 형태로 나타날지 주변국들이 우려하는 것은 이상한 일이 아니다. 특히 오랜 기간 미국에 이어 2위의 경제대국 자리에 있었던 일본은 중국의 부상에 대해 일종의 무력감까지 갖게 되었으며, 중국과 국경이 맞닿아 있는 한국이나 베트남 등도 중국경제의 부상으로 산업 공동화가 나타나지 않을까 우려하고 있다.

다행히 동아시아에서는 경제공동체의 추진 환경이 조성되고 있다. 동아시아가 예측 가능한 미래에 EU 형태의 공동체로 발전하기는 어렵겠지만, 적어도 동아시아 경제공동체를 출범시킬 대내외 환경은 조성되고 있다고 하겠다. 여기에는 다음의 몇 가지 이유가 있다.

첫째, 세계 질서에 대한 동아시아의 문제 제기와 반성이다. 지난 수십 년간 동아시아는 세계의 생산 기지 역할을 담당했다. 미국 주도의 세계 질서는 동아시아의 번영을 가져왔지만, 최근에는 그러한 질서, 예컨대 신자유주의가 만능이 아니라는 생각을 하게 되었다. 동아시아의 역외 수출을 지향하는 제조업 중심의 경제는 무역과 투자의 글로벌화를 활용할 수 있었지만, 글로벌화가 동아시아 국가들의 비교우위가 없는 서비스, 금융 등 다양한 분야로 확산되면서 큰 부담이 되었다. 글로벌화를 주체적으로 통제할 역량이 부족한 동아시아 국가들은 그 부작용이나 비용을 고스란히 떠안을 수밖에 없었다.

이제 동아시아 국가들은 글로벌화의 문제점을 최소화하기 위해서는 역내 협력을 강화해야 한다는 점을 인식하게 되었다. 동아시아 통합에 가장 소극적인 일본에서도 이러한 분위기는 점쳐지고 있다. 신문 보도에 의하면, 일본의 후지타 유키히사 참의원은 2010년 2월 2일 미국에서 열린 한·미·일 3자 대화회의에서 "미국이 동아시아 공동체에 왜 들어오려 하느냐?"고 미국을 비판했다. 또 미국이 언제 EU에 참여하려 한 적이 있었느냐고 말했다.[1]

둘째, 동아시아 국가들은 경제 성장을 통해 세계 문제에 적극적으로 발언할 수 있는 기본 역량을 갖게 되었다. 제2차 세계대전 이후 등장한 신생국이 많은 동아시아의 지난 60여 년은 급격한 변화의 기간이었다. 중국이 건국된 지 60년, 개혁과 개방을 시작한 지 30년이 지났다. 한때 동남아 자본주의 체제에 위협이 되었던 인도차이나 지역도 이제 개방과 개혁을 가속화하고 있다. 막대한 외환보유고를 쌓아두고 선진국의 채권에 투자하고 있는 동아시아의 경제 규모는 세계 경제 3극의 하나가 되기에 부족함이 없다. IMF나 WTO도 동

---

1 "미국이 동아시아 공동체에 왜 들어옵니까." (2010. 2. 4.). 《경향신문》.

아시아 국가의 의사를 반영하지 않고는 새로운 정책을 추진하기 어려워졌다.

셋째, 동아시아에서 냉전이 끝나고 제도적 민주화가 진전되면서 리더십에도 세대교체가 있었다. 동북아 3국의 정치 지도자들은 이념 문제에서 좀 더 자유로워져 실용을 강조하고 있다. 아세안에서도 리콴유, 마하티르 등 냉전시대의 지도자들은 이미 영향력을 잃었다. 좀 더 미국과 서방 세계, 나아가 동아시아 질서를 객관적으로 볼 수 있는 지도자들이 등장한 것이다. 2차 대전 이후 독립한 국가들의 정치 지도자들은 국민국가를 형성하기 위해 민족주의를 강조하지 않을 수 없었다. 하지만 새로운 지도자들은 이전의 지도자들처럼 민족주의에 함몰되지 않는다. 이들은 세계와 공존하는 자세를 갖고 있으며, 그러한 자세로 국민경제가 더 강건해질 수 있음을 알고 있다

글로벌 금융위기 이전에는 동북아 3국 정상들이 동북아 역내에서 공식적으로 회합을 가진 적은 없었다. 역사적, 경제적, 군사적 갈등 요인이 존재하지만 이들은 지금 실용을 강조하고 있다. 일본의 하토야마 총리는 2009년 1월 유엔 총회 참석차 뉴욕을 방문했다가 처음으로 후진타오 주석과 정상회담을 한 이후 "지금까지 우리는 미국에 너무 의지해온 것 같다."라고 말했다. 일본의 정치 지도자에게서는 듣기 어려운 말이었다.

넷째, 경제 성장으로 동아시아에서 중산층이 형성되었다. 1990년대 이후 성장한 중산층이 사회의 주축이 되어 다양한 문화를 수용하고 있다. 인적 교류가 증가하면서 한때 서구 문화가 지배하던 일상생활에서 동아시아의 문화가 광범위하게 수용되고 있다. 한국의 대중문화가 아시아 전역에서 인기를 끌고 있는 것이 좋은 예이다. 동아시아의 시민 사회는 동아시아를 좀 더 자랑스럽게 바라보기 시작했고, 정체성을 확립하기 위한 노력도 광범위하게 전개되고 있다. 이와 같은 움직임은 동아시아의 문화적 일체감을 높이고 있다.

동아시아 경제공동체의 쟁점과
각국의 시각

통합체의 성격과 참여국에 대한 논란

경제공동체 추진의 필요성을 인정한다고 해도 이를 추진하는 과정에서 많은 쟁점들이 있다. 첫째, 경제공동체는 어떤 성격의 통합체여야 하는가. 즉 어떤 공동 목표와 메커니즘을 갖고 어떻게 추진해야 할 것인가. 공동 목표에 대한 참여 후보국들의 인식이 일치하지 않는 한 경제통합은 불가능하다. 이 점에서 동아시아 경제공동체의 목표는 분명하다. 동아시아비전그룹(EAVG) 보고서는 "역내 모든 이들의 완전한 개발에 기초하여 평화, 번영, 진보의 동아시아 공동체 창조를 희망한다."고 밝히고 있다. 경제적으로는 "동아시아 경제의 발전적 통합을 통해 궁극적으로 동아시아 경제공동체를 실현한다."며 무역 투자 자유화, 개발 및 기술 협력, 정보기술 개발을 통한 경제통합을 추구해가야 한다고 주장했다.

동아시아 경제공동체는 결국 무역과 투자의 자유화 및 개발 격차의 축소가 가장 중요하다고 할 수 있지만, 전통적으로 개방이 개발 격차를 축소한다는 신고전파적 사고를 수용한 다면 결국 역내 무역과 투자의 자유화가 가장 중요한 경제 통합의 요체가 되는 것이다.

그렇다면 무역과 투자의 자유화는 어느 메커니즘을 따라 추진할 것인가? 경제통합은 정도에 따라 달라지지만, 기본 적으로 상품과 생산 요소의 자유로운 이동을 통해 참여국의 성장을 촉진하고 후생을 증진한다. 가장 기초 단계의 통합 체는 참여국들이 상호간에 상품의 관세를 철폐하는 자유무 역지대(FTA)라고 인정된다. FTA에서 더 진전된 형태의 통합 체는 관세동맹(Custom Union)이다. 관세동맹은 참여국들이 역외 국가에 대해 단일 관세를 부과하므로, 참여국이 독자 적으로 역외 관세율을 유지하는 FTA에 비해 통합도가 훨씬 높다.

다음의 경제공동체 형태는 공동시장(Common Market)이다. 이는 관세동맹 안에서 생산 요소가 자유롭게 이동하는 것이 다. 참여국 내의 국민은 다른 참여국 어디에서나 동등한 자 격을 갖고 직업을 얻을 수 있으며, 기업의 투자도 제약을 받 지 않고 가능해야 한다. 경제통합은 이후 경제동맹(Economic Union)과 완전경제통합(Total Economic Integration)으로 진전될 수 있다. 물론 경제통합체가 반드시 이러한 차례를 따라 고

도화되는 것은 아니다. 관세동맹 단계 이전에서 노동력과 자본의 자유화는 상당 부분 자유화될 수 있다.[2]

동아시아가 어떤 형태의 통합을 지향해야 하는가에 대해 통일된 의견은 없지만, EAVG 보고서가 경제 협력 프로그램의 하나로 EAFTA를 제시하고 있다는 점은 주목할 만하다. 현실적으로 동아시아는 민족국가를 배경으로 하고 있으며 종교적, 역사적, 문화적으로 상이하다. 경제 규모나 발전 단계 역시 크게 차이 나 13억 인구의 중국에서부터 400만 명 정도의 싱가포르나 수십만 명의 브루나이가 있고, 1인당 소득도 3만 달러 이상의 일본이나 싱가포르부터 500달러 이하의 미얀마까지 역시 같은 회의장에 있게 된다. 이러한 국가들이 함께 공동시장을 창설할 수 있으리라 상정하기는 어렵고, 더 양보하여 자유무역국인 싱가포르와 폐쇄경제나 다름없는 미얀마가 10년 안에 관세동맹의 회원국이 될 수 있으리라 기대하기도 어렵다.

EAVG 보고서는 EAFTA 외에도 동아시아 차입 협정과 환율 공조 체제 등을 경제 협력으로 제안하고 있다. 이에 따라 치앙마이 이니셔티브 다자화(CMIM)가 동아시아통화기금(EAMF)으로 발전하는 과정에 있으며, 좀 더 장기적인 과제이지만 아시아 단일 통화에 대해서도 일본, 중국 등은 서로 다

---

2 EU는 경제동맹에서 단일 통화를 사용하고, 2009년 12월 리스본 조약의 발효로 정치적 통합의 토대를 마련한 단계이다.

른 속내를 갖고 연구하고 있다. 그러나 엄청난 경제 발전 격차를 보이고 있는 동아시아가 예측 가능한 미래에 단일한 통화를 가진 경제공동체가 될 수는 없을 것이다. 결국 FTA를 통한 상품의 자유로운 이동에 자본과 노동력의 일부 이동을 촉진하고, 여기에 금융 협력 및 정부 간 조정기구를 보완하는 형태가 바람직할 것이다.

둘째, 참여 국가 규모는 어느 정도로 해야 할 것인가. 동아시아를 포함하거나 동아시아만의 독자적인 공동체에 대해서는 많은 제안이 있었다. 1980년대 말 창설된 아시아태평양경제협력체(APEC)는 1994년 인도네시아 보고르에서 열린 정상회의에서 2010년까지 역내 선진국, 2020년까지 개도국의 무역 투자 자유화를 달성하기로 약속했다. 보고르 계획의 실현 가능성이 크지 않은 가운데 아예 한 걸음 더 나아가 APEC을 기반으로 아시아태평양자유무역지대(FTAAP : Free Trade Area of the Asia-Pacific)를 설립하자는 주장도 나왔다.

동아시아만을 대상으로 하는 경제협력체는 1990년 말레이시아의 마하티르 총리가 제안한 동아시아경제회의(EAEC : East Asia Economic Caucus)가 있다. 당시 APEC 회원국 중에서 아시아 회원국만을 회원으로 하자는 제안에 대해 미국은 강력하게 반대했고, 아시아 국가들도 미온적이었다. 이에 마하티르 총리는 역내 국가들을 설득하기 위해 회의(caucus)를 좀 더 느슨한 개념의 그룹(group)으로 바꾸어 다시 주장했으나(동아시아경제그룹), 역시 구체적인 프로그램을 갖지 못한 채 쓸쓸히 퇴장하고 말았다.

역외 지역을 포함하는 또 하나의 아이디어는 호주의 케빈 러드 총리가 2008년부터 제안한 아시아태평양공동체(APC : Asia-Pacific Community) 구상이다. 구체적인 성격은 모호하지만 APC는 아세안+6에 미국을 포함하는 조직으로, 호주는 2009년 12월 22개국에서 200여 명의 학계 및 정부 관료들을 초청해 시드니에서 컨퍼런스를 개최했다.

경제통합체는 비참여국에 대한 차별성을 바탕으로 하기 때문에 비참여국 전체가 다른 반응이나 조치를 하지 않을 경우 참여국들은 이익을 얻지만, 그러한 이익이 자연적으로 오는 것은 아니다. 개별 국가 내에서는 이해관계자들의 갈등 같은 소위 협상 비용이 든다. 이런 비용은 공동체가 얼마나 용이하게 추진되는가, 그래서 얼마나 실현 가능성이 높은가로 나타날 것이다. 이러한 점에서 볼 때, 참여 국가의 수가 많아지면 많아질수록 협상 비용은 많이 들고 실현 가능성은 낮아진다고 하겠다. WTO 체제가 가장 유리하다는 사실을 모두가 알고 있지만, DDA(Doha Development Agenda, 도하개발어젠다) 협상은 수년 동안 답보 상태를 벗어나지 못했다. APEC이 무역 투자 자유화에 성공하지 못한 것은 이해관계가 다른 수많은 국가들이 참여하고 있기 때문이다.

현재 동아시아에서는 다수의 FTA가 발효되고 있다. 이러한 FTA는 복잡한 원산지 규정 때문에 오히려 더 많은 무역 비용을 낳게 하는 소위 '누들 볼(noodle bowl)'을 야기할 수 있다. 동아시아 경제공동체는 이러한 국가별 혹은 소지역별 FTA를 동아시아 전체의 FTA로 통합하는 형태로 추진되어야 한다.

여기서 문제는 과연 어떤 나라를 EAFTA에 포함시킬 것인가 하는 점이다. 2009년 말 시점에서 일부 국가들은 아세안+3에 기반한 EAFTA가 바람직하다고 주장하고, 일부는 아세안+6을 기반으로 하는 동아시아 포괄적 경제 파트너십(CEPEA)이 더욱 바람직하다고 주장한다. 또 미국이 참여하지 않으면 안 된다고 주장하는 사람들도 있다. 미국은 기회 있을 때마다 동아시아의 통합 과정에서 자국이 배제되어서는 안 된다고 주장하며 아세안이 헌장을 채택한 후 가장 먼저 아세안에 대사를 지명했다. 동아시아가 경제공동체를 추진하기 위해서는 이 문제를 해결하고, 나아가 조정기구 역할을 해야 하는 정상회의 체제도 아세안+3에 기반을 둘 것인지, 동아시아 정상회의(EAS)에 기반을 둘 것인지 결정해야 한다.

여전히 불투명한 일본의 자세

동아시아 경제공동체의 창설에 대한 동아시아 및 역외 주요국의 시각은 각국이 처한 경제적 환경에 따라 다양하다. 일본의 자민당 정부는 아세안+3 체제가 발족한 이후 명시적으로 동아시아 공동체에 대해 반대하지는 않았다. 2009년 집권한 민주당 정부는 한 걸음 더 나아가 선거 공약으로 동아시아 공동체를 추진하겠다고 밝혔다. 그러나 하토야마 후보는 동아시아 공동체가 어떤 통합 정도를 지향하는지, 참여국을 어디까지로 할 것인지 등의 구체적인 안을 내놓지는 않았다. 오히려 2009년 총리 취임 직후 미국을 제외할 생각이 없다고 밝히기도 했다. 분명한 것은 자민당 정부나 민주당 정부 모두 아세안+3보다는 아세안+6을 동아시아 공동체의 기초로 선호한다는 점이다.

일본의 이러한 입장은 일본경제의 역사적 궤적과 현재 상황에 따른 것이다. 제2차 세계대전에서 패전국이 된 일본은 정치, 안보 차원에서 미국과 강력한 동맹 관계를 맺었고, 경제 시스템도 미국의 프로그램을 수용했다. 역대 자민당 정부의 외교 통상 정책은 아시아뿐만 아니라 세계에서 미국의 입장을 대변하는 것으로 나타났다. 이러한 대미 관계는 일본의 정치, 경제 지도자들이나 국민들의 의식 속에 그대로 스며들었고, 미국을 제외한 어떤 연합체나 동맹에도 일본은 주체적으로 주도하고 관여하지 못했다.

더구나 일본은 빈약한 부존자원 때문에 가공무역국으로 성장하는 과정에서 세계 시장을 이용할 수밖에 없었다. 일본의 상품은 미국, EU 등 선진국뿐만 아니라 동아시아의 개도국 시장에까지 넘쳐나고 있다. 무역국으로서 일본은 특정 지역이 통합되면서 차별적 대우를 받는 것보다는 세계 전체의 자유화가 가장 큰 이익을 낳는다고 보고 있다.

투자의 경우도 일본은 전 세계를 대상으로 하고 있다. 2008년 일본기업의 투자 잔액 규모는 미국에 2,266억 달러 33.1%, EU에 1,618억 달러 23.6%가 있으며, 아세안에 대한 투자 잔고는 677억 달러로 전체의 9.9%, 중국은 490억 달러 7.2%를 차지했다. 일본의 투자에서 선진국은 여전히 중요하며, 중국보다는 아세안이 더 높은 비중을 보인다. 물론 일본의 외환보유고 상당 부분이 미국의 재무부 채권에 투자되어 있다. 무역과 투자에서 세계 시장을 상대로 활동하는 일본 기업은 지역화보다 다자화를 선호할 수밖에 없다.

그러나 1990년대 잃어버린 10년을 겪으면서 일본은 다자화의 진전이 아닌 지역화 추세의 확산을 지켜봐야 했다. 비록 국내에서 농수산 분야의 낮은 경쟁력 때문에 앞장서 자유화를 주도하지는 않았지만, 전 세계적 자유화에 편승하던 1960년대 이후의 전략에 상당한 결함이 나타난 것이다. 동시에 중국의 부상과 함께 일본의 대외 경제 협력 구조는 동아시아로 그 중심축이 이동하기 시작했다. 물론 일본은 자원과 시장을 확보하기 위해 2차 대전 이전에도 대동아공영권(大東亞共榮圈)을 주창했고, 전쟁이 끝난 이후에도 아세안에 엄청난 공을 들였다. 그러나 이제 동아시아 의존도 심화는 과거처럼 일본이 주도하는 게 아니라 수동적인 위치에서 아시아와의 협력이 강화된 것이다.

중국에 대한 수출이 급증하면서 대중국 수출 비중은 2001년 7.7%에서 2008년 16%로 증가했는데, 그 결과 아세안+3에 대한 일본의 수출 비중은 2001년 27.4%에서 2008년 36.8%로 증가했다. 글로벌 위기 이후 아세안+3에 대한 일본의 의존도는 더욱 높아졌고, 대만과 홍콩을 추가한 아세안+5에 대해서는 52.4%를 기록해 동아시아 지역에 대한 수출 의존도가 처음으로 50%를 넘어섰다. 대중국 수출 비중은 18.9%로 대미 수출 비율 16.1%보다 많아졌다.

일본은 2000년대 들어 통상 정책에서 FTA 정책을 수용하기로 했다. WTO 다자체제가 제대로 작동하지 않는 가운데 북미자유무역지대(NAFTA)가 발효되고 EU 통합이 가속화되었기 때문이다. 그러나 일본이 FTA 정책을 수용하기 시작한 때는 중국 부상의 효과가 동아시아로 확산되던 시기와 일치한다. 일본의 동아시아 FTA 정책에서 가장 중요한 고려 요소는 중국의 부상이었다.

일본은 싱가포르와 FTA를 체결해 2002년 11월 발효했고, 이후 2006년 7월 말레이시아, 2007년 11월 태국과도 FTA를 발효시켰다. 더 나아가 브루나이, 인도네시아, 베트남 등과도 FTA를 체결해 2009년 말 기준, 폐쇄국이나 다름없는 미얀마 및 역시 제도적으로 미비하고 경제 규모가 작은 캄보디아와 라오스를 제외한 7개 아세안 국가와 FTA를 체결했다. 중국과 한국이 아세안 전체와 FTA를 체결한 데 비해 일본은 나라별로 접근했다. 이 방식은 아세안 전체를 하나의 단위로 하여 FTA를 체결하는 것보다 나라별 상황과 실정 및 요구 사항을 더 잘 반영할 수 있다. 그러나 지역 전체와 협력한다는 명분에서는 약했기 때문에 중국과 한국의 예를 따라 아세안 전체와 FTA를 체결, 2009년 2월 발효시켰다.

이처럼 일본이 중국을 제외한 국가들과의 FTA에 적극적인 것은 중국 때문에 떠오르는 태양이 아닌 일몰을 남기고 사라지는 해가 되지 않기 위해서이다. 이 때문에 아세안+3의 EAFTA 논의가 진전되자 CEPEA라는 대안을 제시하면서 중국의 영향력 축소를 도모하고 있다. 일본은 아세안+3 체제를 EAS 체제로 전환하는 과정에서 비동아시아 지역 국가인 인도, 호주, 뉴질랜드를 참여시키며 아세안+3 체제의 발전을 방해했다. 또한 아세안+3의 EAFTA를 막기 위해 아세안+6의 CEPEA를 추진하며 외교적 노력을 강화했던 것이다.

그렇다면 일본이 지속적으로 동아시아 경제공동체의 진전을 무시할 수 있을까? 이는 쉽지 않을 것이다. 앞서 지적했듯이 일본경제의 대중국 의존도는 증가하고 있다. 일본이 중국에 대한 경쟁심에서 벗어나면 중국과의 협력은 늘어날 것이다. 실제로 2009년 9월 등장한 민주당 정부는 공식적으로 동아시아를 중시하며 동아시아 공동체를 추진하겠다고 밝히고 있다. 하토야마 총리는 선거 전 민주당이 승리할 경우 중국과의 관계를 개선하기 위해 야스쿠니 신사를 참배하지 않겠다고 말했다.[3]

그럼에도 불구하고 일본의 자세는 여전히 불투명하다. 2009년 11월 도쿄에서 개최된 메콩 강 유역 국가 정상들과의 회의에서 일본은 3년 동안 5,000억 엔의 ODA(Official Development Assistance, 정부개발원조)를 제공하기로 했다.[4] 이는 아세안에 막대한 지원을 하며 남진 정책을 전개하는 중국에 대한 대응이다. 아직 일본은 동아시아 통합이 중국 주도로 이루어지는 데 반대하고 있는 것이다.

통합을 강력히 지지하는 중국의 내심

중국이 동아시아 경제공동체를 구체적으로 지향한다고 보기는 어렵다. 그렇지만 중국은 아세안+3 협력 프로그램 논의의 한가운데 자리 잡고 있다. 동아시아연구그룹(EASG) 중장기 과제였던 EAFTA 연구가 시작된 것도 중국이 이를 발의했기 때문이고, EAS의 출범도 중국이 1차 회의를 열겠다고 제안했기 때문이다. 따라서 외교적으로 동아시아 공동체 추진을 주도하겠다고 발표한 적은 없지만 중국은 실천적으

3 Wakabayashi, Dasuke (2009. 8. 12.). Hatoyama pledges not to visit Yasukuni shrine. *The Wall Street Journal Asia*.
4 일본 외무성 (2009). Tokyo Declaration of the First Meeting between the Heads of the Governments of Japan and the Mekong region countries – Establishment of a New Partnership for the Common Flourishing Future.

로 동아시아의 통합을 강력히 지지하고 있다.

중국의 이러한 입장은 중국경제의 대외 의존도를 고려하면 다소 의외이다. 비록 동아시아로부터 우회 수출형 제조업 투자를 유치하여 수출을 창출하고 공업화를 달성했지만 중국은 동아시아보다는 미국 및 유럽 등 비동아시아 지역에 대한 수출 비중이 높다. 2008년 중국의 대외 수출에서 아세안+3의 비중은 20.9%로, 대미 수출 비중 18.6%에 비해 큰 차이가 나지 않는다. 홍콩과 대만을 포함한 아세안+5에 대한 수출 비중은 35.7%로, 역시 다른 동아시아 국가의 역내 수출 비율에 비해 훨씬 적다. 따라서 중국은 여전히 비동아시아 지역의 시장을 중요시한다. 중국의 막대한 생산력과 그 증가 속도를 고려하면 단기간에 동아시아가 중국의 중심 시장으로 부상하기는 어렵다. 중국은 동아시아 지역화가 세계 다른 지역의 반발을 사는 것을 더 우려하고 있다.

중국은 세계의 중심 플레이어가 되기를 원한다. 시장 및 자원의 확보 등을 위해 동아시아에 국한하지 않고 전 세계를 대상으로 경제 활동을 하고자 한다. 자원을 확보하기 위해 주요 자원 보유국과 경제 협력 확대를 추진하고, 정부와 국유기업이 손을 잡고 해외에 투자하고 있다. 세계적 플레이어로서 중국은 국제적 영향력을 유지, 확대하기 위해 중남미와 아프리카의 거점 국가인 브라질, 남아공과 경제 협력을 강화하고 있다.

뿐만 아니라 중국은 2009년 3월 G20 정상회의를 앞두고 국제 통화 체제를 개편해 달러 대신 초국적 준비통화(super-sovereign reserve currency)를 국제 기축통화로 사용하자고 주장했다.[5] 이런 주장은 글로벌 금융위기 이후 중국의 해외 자본 투자가 막대한 손실을 낳으면서 나오기도 했지만, 미국 주도의 국제 통화 질서를 그대로 수용하고 싶지 않다는 내심을 표현한 것이기도 했다.

그럼에도 불구하고 동아시아는 중국의 시장이자 자원의 공급지로서 중요하며, 중국이 세계적 영향력을 확대하는 기반이 될 수도 있다. 중국이 추진하는 위안화의 국제화와 관련해서도 가장 먼저 의지할 곳은 아세안을 비롯한 동아시아 지역일 것이다. 물론 중국은 동아시아 공동체를 이용해 정치적, 경제적으로 동아시아 내 중국의 지배를 강화하지는 않겠다고 계속 공언해왔으나, 단기적으로는 지역의 힘을 이용해 발언권을 강화하려 할 것이다. 동아시아 경제공동체도 이런 측면에서 이해할 수 있다. 이러한 차원에서 중국은 대규모 원조, 투자 및 융자 지원을 하는 등 아세안과의 협력을 매우 중시하고 있다.

중국은 기본적으로 아세안+3 중심의 EAFTA를 선호하고 있는 것으로 보이며, 국가 간 협력기구도 신EAS보다는 아세

---

5 기축통화는 국제 경제 활동에서 거래 수단으로 활용되고, 차입 수단에서의 대출, 채권 등의 발행 기준이 되며, 개별 국가들이 준비자산으로 사용하는 통화를 말한다.

안+3 정상회의를 선호한다. 정치적으로도 미국의 이익을 대변할 호주나 세계 최대의 민주주의 국가인 인도와 같은 배에 타고 싶지는 않을 것이다. 그럼에도 불구하고 당장은 미국, 일본 등과 이견을 드러내면서 무리하게 동아시아 경제 공동체를 추진하려고 하지는 않는다. 대신 좀 더 장기적인 접근을 시도하고 있다. 특히 아세안을 우호 세력으로 유지하기 위해 다양한 노력을 기울이고 있는데, 원자바오 총리는 2009년 4월 보아오 포럼(BFA : Boao Forum for Asia)[6]에서 아세안의 인프라 건설을 위해 100억 달러, 금융위기에 직면한 아세안 무역금융에 150억 달러를 3~5년 내 지원하겠다고 약속했고, 11월 아세안+1 정상회의에서 이를 재천명했다.

아세안에 버거운 동아시아 경제공동체

한편 아세안은 표면적으로는 동아시아 경제공동체에 가장 큰 관심을 기울이는 것처럼 보인다. 아세안+3 정상회의는 여전히 아세안 역내에서 개최되고 있으며, 아세안이라는 40년 이상의 지역 협력 경험을 바탕으로 아세안+3 혹은 신EAS의 발전에 경험을 제공할 수 있다고 본다. 그럼에도 불구하고 아세안은 역내 회원 국가들이 어떤 형태의 공동체를 어느

---

6 보아오 포럼은 스위스 다보스의 세계경제포럼과 유사한 아시아 지역 포럼으로, 2002년 1차 회의 이후 매년 중국 하이난 성(海南省)의 보아오(博鰲)에서 열리고 있다. 아시아 각국 정부, 기업, 학계 인사들이 참여하며 역내 국가 간의 협력, 교류, 사회 발전을 목표로 하고 있다.

규모로 설립할지에 대해서는 합의를 이루지 못했고, 구체적인 대안도 제시하지 않고 있다.

동아시아 경제공동체를 보는 아세안의 전략적 입장은 다음과 같다. 첫째, 중국과 일본은 동시에 중요하다. 아세안은 당분간 수출 주도형 공업화가 불가피하고, 외국인 직접투자역시 지속적으로 필요하다. 따라서 시장이 확대되고 있는 중국도, 선진 기술과 자본을 가진 일본도 중요하다. 더구나 1960년대 이후 축적된 일본의 직접투자는 아세안의 산업과 생산 네트워크를 형성했다. 이 때문에 동아시아 경제통합이 급속하게 이루어져 아세안의 산업 기반을 흔들지 않는 한 아세안에는 유리하다.

둘째, 가장 중요한 것은 어느 한 국가의 과도한 영향력에 지배되지 않는 것이다. 아세안은 아세안+3 체제가 동아시아 공동체 형태로 진화하면 아세안의 정체성이 사라질 것으로 우려하고 있다. 아세안은 오랜 역사 속에서 내부의 경제 협력 정도와는 관계없이 자체 정체성을 일정하게 확립하고 있다고 봐야 한다. 그러나 경제 규모에서 동북아 3국과의 차이가 크기 때문에 동아시아의 공동체화 속에서 흔적도 없이 흡수될지도 모른다고 고민하고 있다.

실제로 아세안은 1992년 이후 아세안자유무역지대(AFTA)를 추진해왔지만 역내 교역 비율은 여전히 낮다. 1990년 아세안의 역내 수출은 274억 달러로 총수출의 19%를 차지했지만, 2005년에는 1,646억 달러 25.5%로 증가했다. 그러나 아세안은 이미 1995년 역내 수출 비율이 24.5%에 이르렀고 2003년에도 25.6%에 달해 역내 교역 비율이 증가하지 않고 있다. 이러한 역내 수출 비율도 사실은 싱가포르의 중계무역 기능 때문에 나타난 것이며, 싱가포르를 제외한 다른 국가 간의 교역은 많지 않다. 즉 아세안은 '아세안 먼저'라는 구호가 경제적으로 큰 효과를 내기 어렵다는 것을 잘 알고 있다.

이러한 배경에서 아세안은 EAFTA가 상당한 편익을 가져올 것임을 알고 있지만, 적극적으로 앞장서 이를 추진할 의향은 없을 것이다. 동북아 3국에 대한 흡수를 두려워하고, 현재 동북아 3국의 경쟁이 이익이라고 생각하고 있기 때문이다. 따라서 아세안은 동아시아 경제공동체를 우선하기보다는 아세안을 FTA의 허브로 발전시키기 위해 노력하고 있다. 그 일환으로 동북아 3국과 개별 FTA를 체결했으며, 아세안-인도 FTA 및 아세안-CER(호주-뉴질랜드경제협력체) FTA를 추진하고 있다. 이러한 FTA가 아세안 경제를 더욱 역동적으로 만들 것이며, FTA 파트너들과 무역을 확대하고 이들 국가 및 제3국으로부터의 투자를 유치할 수 있으리라 기대하는 것이다. 아세안 개별 국가들도 FTA에 적극적이다. 싱가포르는 FTA를 통상 전략의 주요 지주로 활용하고 있으며, 말레이시아나 태국 등도 FTA에 적극적인 관심을 갖고 있다.

셋째, 아세안은 동아시아 통합 과정에서 지속적으로 주 추진자적 역할이 필요하다고 보기 때문에 동아시아 통합이 너무 순조로워 동북아의 영향력이 확대되는 것을 원치 않을 것이다. 따라서 중국과 일본에 대해 등거리 전략을 계속 사용할 것이다. 한국에 대해서는 필요에 따라 중국, 일본과 동등하게 대우하면서 경제적 이익을 취하고, 때로는 일본과 중국의 중재자 역할을 인정하는 태도를 취하려 할 것이다.

또한 동북아 3국의 독자적인 단결과 통합은 득이 될 것이 없기 때문에 동북아 3국의 갈등 문제에 대해서는 방관적 자세를 유지할 것이다. 특히 아세안+3 위주의 통합이 중국 중심으로 진행된다면 결코 환영하지 않을 것이다. 일본이 소외되는 과정에서 실질적으로 경제적 이득이 줄어들 뿐만 아니라 중국의 경제적 패권을 두려워하기 때문이다. 특히 베트남, 인도네시아 등은 중국이 주도적 역할을 환영하지 않을 것이다. 이 점에서 아세안+1 체제는 아세안이 지속적으로 유지하고 싶은 제도가 될 것이다.

넷째, 동아시아 즉 아세안+3의 통합에 대해 때로는 아세안+6을 활용하려고 할 것이다. 외부적으로 미국은 여전히 아세안의 중요한 파트너이다. 싱가포르, 태국, 말레이시아는 미국과 FTA를 체결했거나 협상을 했고, 인도는 중국의 팽창을 우려한 미국, 일본 등의 동의 아래 아세안의 지원을 받아 EAS에 참여했다. 이처럼 아세안은 중국이 주도하는 아세안+3과 일본이 주도하는 아세안+6을 적절히 활용해 이익을 극대화하려 할 것이고, 이 때문에 미국 외에도 인도와 우호 관계를 유지하려 할 것이다.

　마지막으로 아세안은 지속적으로 단결을 강조할 것이다. 아세안은 2015년까지 아세안경제공동체(AEC : ASEAN Economic Community)를 완성할 계획이다. 그러나 경제적으로 다른 주요국에 비해 취약할 뿐 아니라 내부의 정체성도 취약하기 때문에, 아세안은 지속적으로 아세안의 결속과 통합이 먼저라는 인식을 하고 있다. 결국 역내 개발 격차를 줄일 때까지 동아시아 통합에 대해 적극적이지 않을 것이고, 이를 이용하여 동북아의 지원을 요구할 것이다.

경제공동체의 근간,
동아시아자유무역지대(EAFTA)

EAFTA의 기반 : 아세안+3인가 아세안+6인가

현재 동아시아 경제공동체를 추진하는 데 가장 가능성이 있는 단위는 아세안+3에 기반한 EAFTA와 아세안+6에 기반한 CEPEA이다. EAFTA는 기존의 EAVG나 EASG에서 비롯된 것이며, CEPEA는 일본이 제안한 아세안+6을 근거로 하는 FTA이다. 공식적으로 2009년 말 현재 2개의 FTA가 모두 논의되고 있다. EAFTA에 대해서는 일본을 제외한 아세안+2가 모두 명시적으로 반대하지는 않으며, CEPEA는 당연히 일본과 인도, 호주, 뉴질랜드가 찬성하고 있다.

아세안+3 국가가 EAFTA 외에도 CEPEA를 하나의 대안으로 논의하는 까닭은 일본의 집요한 주장과 경제공동체를 추진하는 것에 대한 아세안의 소극적인 자세 외에도, 현실적으로 인도의 부상을 무시할 수 없기 때문이다. 비록 중국의 경제 규모에 비해서는 아직 절대적으로 적지만 인도가 중요한 시장으로 떠오르고 있는 것은 사실이다. 한국의 대인도 수출은 1996년 12억 달러에서 2008년 90억 달러 수준으로 연평균 18.4% 증가했다. 이는 이 기간 총수출 증가율 9.9%의 거의 2배이며, 중국을 포함한 아세안+3 지역에 대한 수출 증가율 11.2%보다도 훨씬 높은 것이다. 물론 대인도 수출이 급격히 증가했지만, 아직 인도에 대한 수출 비율은 2008년 2.1%에 불과해 대중국 수출의 10분의 1에도 미치지 못한다. 그렇다고 인도에 대한 수출을 무시할 수는 없다. 인도가 지속적으로 경제 성장을 계속한다면 동아시아의 무역 증가율 둔화를 보완해주는 보완시장 역할을 할 수 있기 때문이다.

대인도 수출의 급격한 증가 현상은 중국, 일본, 아세안 모두에 동일하게 나타난다. 아세안의 대인도 수출 증가율은 1996~2008년 연평균 17.5%로, 전체 수출 증가율 9.4%의 2배에 가깝다. 일본의 경우에도 전체 수출 증가율 5.5%에 비해 대인도 수출은 10.3% 증가해 2배 가까이 이르고 있으며, 중국 역시 대인도 수출 증가율이 37.7%로서 전체 수출 증가율 20.9%를 훨씬 웃돌고 있다. 대인도 수출이 아세안+3 지역에 대한 수출 증가율보다 높다는 점도 동일하다.

대인도 수출의 급증은 인도가 2000년대 들어 고도성장을 이루었기 때문에 가능했다. 인도는 1960~1980년대 동아시아가 고도성장하는 동안 성장의 대열에 합류하지 못했다.

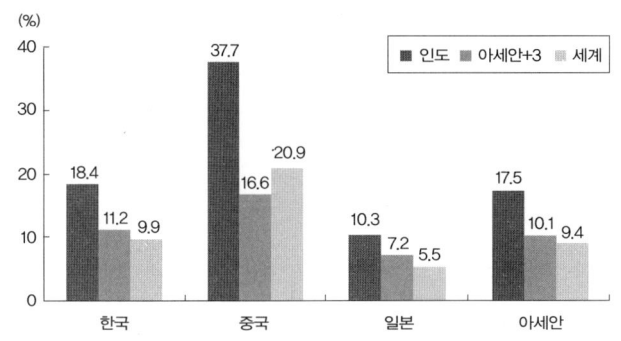

자료 : IMF 통계를 이용해 작성.

인도의 성장률은 1971~1990년 동안 연평균 4.3%에 불과해 '힌두 성장률'이라는 다소 경멸적인 평가를 들었다. 그러나 2003년 이후 포트폴리오 투자 유입 증가, 미국 IT 버블 붕괴, 9·11 테러 이후 미국의 이민 규제로 인한 인도의 소프트웨어 수출 급증으로 인도 경제는 빠른 속도로 성장했다. 이 시기의 성장은 투자보다는 민간 소비에 의해 주도되었고, 그 결과 제조업 부문의 중간재뿐만 아니라 최종 소비재나 관련 부품의 수입 수요도 급증했다.

인도의 수입 규모는 2008년 3,151억 달러로 중국의 1조 1,319억 달러의 27.8%에 불과하지만, 동아시아 국가들이 볼 때 고도성장하는 인도는 매력적인 존재이다. 일본은 인도를 중국에 대한 하나의 대안으로 생각하고 있으며, 한국도

2009년 인도와 FTA를 체결했다. 아세안 국가 중에서는 싱가포르가 인도와 FTA를 체결했고, 태국도 일부 부문에서 인도와 관세를 철폐했다. 또 아세안 전체가 인도와 FTA를 체결했다. 따라서 외형상으로는 인도가 동아시아 경제공동체에 참여하는 것이 자연스러워 보인다.

경제적 타당성 비교

동아시아 경제공동체의 기초로 EAFTA를 선택할 것인가, 아니면 CEPEA를 선택할 것인가의 문제는 정치적으로 결정되어서는 안 되며, 경제적 타당성을 분석하여 추진해야 한다. 경제적 타당성 분석의 가장 중요한 기준은 FTA를 창설했을 때 창출되는 경제적 편익과 실제 실현 가능성이다. 경제적으로는 공동체의 규모가 크면 클수록 이익이다. 무역 투자 자유화를 달성할 때 더 많은 국가들이 참여하면 할수록 시장이 확대되기 때문이다.

　동아시아 지역의 다양한 FTA 효과에 대한 흥미로운 연구는 아시아개발은행 연구소(ADBI : Asian Development Bank Institute)에서 추진했다.[7] 이 연구에 의하면, 먼저 아세안+1 FTA의 경우 +1이 아닌 국가들은 상당한 기회 손실을 겪게 된다. 즉 아세안+중국의 경우 중국은 191억 달러의 GDP가

7　Kawai, Masahiro & Wignaraja, Ganeshan (2007. 9.). ASEAN+3 or ASEAN+6 : Which Way Forward? (ADB Institute Discussion Paper No. 77). ADB.

● 표 3-1 동아시아 내 FTA별 소득 창출 효과(2017년까지)

(단위 : 2017년 불변 억 달러, %)

		한국	중국	일본	아세안	미국	EU	전 세계
아세안+ 한국	소득 금액	109	−24	−13	81	3	3	142
	증가율	1.37	−0.07	−0.03	0.68	0.0	0.0	0.03
아세안+ 중국	소득 금액	−54	191	−40	442	77	129	820
	증가율	−0.67	0.58	−0.08	3.72	0.05	0.11	0.17
아세안+ 일본	소득 금액	−18	−45	249	288	−8	9	451
	증가율	−0.23	−0.14	0.51	2.43	−0.01	0.01	0.09
아세안 +3	소득 금액	494	415	748	622	−50	68	2,139
	증가율	6.19	1.26	1.54	5.23	−0.03	0.06	0.45
아세안 +6	소득 금액	514	436	771	672	−89	18	2,598
	증가율	6.43	1.33	1.59	5.66	−0.06	0.02	0.54

자료 : Kawai, Masahiro & Wignaraja, Ganeshan (2007. 9.). ASEAN+3 or ASEAN+6 : Which Way Forward? (ADB Institute Discussion Paper No. 77). ADB.

새로 증가하지만, 한국은 54억 달러의 손실을 볼 수 있다. 이에 비해 아세안+3 EAFTA가 창설되면 한국은 494억 달러의 GDP가 증가하게 된다. FTA가 없을 때보다 약 6.2% GDP가 증가하는 셈이다. 아세안+6 CEPEA의 경우 한국은 GDP가 약 6.4% 새로 창출된다. 즉 EAFTA와 CEPEA 모두 새로 창출하는 GDP 증대 효과에서는 큰 차이가 없다. 이와 같은 현상은 중국, 일본, 아세안 등 모든 국가에서 동일하게 나타난다. CEPEA의 경우 인도, 호주, 뉴질랜드가 추가로 참여함에도 EAFTA에 비해 소득 창출 효과는 크지 않다.

또 다른 연구에 의하면, 인도는 CEPEA에 참여할 때 오히려 후생이 감소한다. 히로 리(Hiro Lee)와 로버트 오웬(Robert

Owen) 등은 아세안+3과 아세안+6 FTA의 후생 증가 효과를 연구했는데, CEPEA가 관세만을 철폐할 경우 2008~2015년 동안에 인도는 오히려 후생이 감소했다. 인도가 현재 관세율이 아주 높고 동아시아로부터의 수입이 많지 않기 때문에 아세안+6의 FTA에서 교역 조건이 악화되어 후생이 감소하는 것이다.[8] 인도의 후생이 증가하기 위해서는 관세 철폐 외에도 다른 비관세 장벽의 철폐 등이 있어야 한다.

소득 창출 효과가 큰 차이가 없고 인도는 경우에 따라 후생이 감소할 수도 있는데, 과연 아세안+6의 FTA가 용이하게 출범할 수 있을 것인가? 호주 및 뉴질랜드의 경우 관세가 낮고 제도적으로도 선진국이므로 FTA에 참여하는 데에는 큰 문제가 없을 것이다. 그러나 인도와의 FTA는 상당한 난관이 있을 것이다.

먼저 인도는 산업 경쟁력이 낮아 FTA를 추진하는 데 한계가 있다. 인도가 IT 소프트웨어 산업에 경쟁력이 있다고 하지만, 이를 통해 경제 성장을 추진하는 것은 거의 불가능하고 제조업을 육성해야 할 것이다. 그러나 인도의 제조업은 낮은 자본 축적과 기술 수준으로 인해 충분한 개방을 하기 어렵다. 예컨대 한국과 인도가 체결한 '포괄적 경제동반자

---

8 Lee, Hiro, Owen, F. Robert & Mensbrugghe, Dominique van der (2009). Regional integration in Asia and its effects on the EU and North America. *Journal of Asian Economics* 20, pp. 240-254.

협정(CEPA : Comprehensive Economic Partnership Agreement)'의 경우, 인도는 HS 6 단위 기준 상품 5,227개 중 관세를 철폐하기로 한 품목이 71.5%인 3,739개에 불과하며, 그 중 3,357개 품목 64.2%는 8년이 되어야 관세를 철폐하기로 했다.[9] 뿐만 아니라 양허에서 아예 제외한 품목의 수가 무려 768개 14.7%에 이르고 있다. 2009년 8월 서명된 인도-아세안 FTA도 이와 유사하다. 인도-아세안 FTA는 당초 2005년 6월까지 끝내기로 했으나 2009년에야 서명이 되었을 정도로 난항을 겪었다.

내용에서도 한국 및 중국의 대(對)아세안 FTA는 일반 품목의 경우 대부분 2010년까지 관세를 철폐하도록 되어 있으나, 인도의 경우 2016년에야 일반 품목의 관세가 인하되며 초민감 품목의 경우 일부 품목은 2019년에 가서야 50% 수준으로 관세가 인하된다고 되어 있다. 이는 중국-아세안 초민감 품목의 관세가 2015년까지 50% 이하로 떨어지는 것과는 대조적이다. 인도-아세안의 경우는 예외 품목이 10% 이상이며, 농산물 부문에서만 489개의 예외 품목이 인정되었다. 한국-아세안 FTA의 양허 제외 품목이 최대 40개 품목인 데 비해 10배 이상이다.

인도는 일본과는 2007년 1월 FTA 협상을 개시한 후 2009년 10월까지 12차의 협상을 진행했으나 2010년 초 현재 협

---

9 외교통상부 (2009. 8. 6.). "한-인도 CEPA 협상 결과."

상의 동력은 크지 않다. 또한 중국-인도 FTA를 위해 2005년 4월 공동 연구를 선언했으나, 2008년 8월 연구를 끝냈을 뿐 더 이상 진전은 없다. 이는 인도가 취약한 제조업 때문에 양국과 FTA를 진행하기 어렵기 때문이다.

또한 막대한 무역수지 적자를 겪고 있다는 점에서도 인도가 포함된 FTA는 쉽게 추진되지 못할 가능성이 크다. 인도의 2008년 회계연도의 무역수지 적자는 1,194억 달러로 GDP의 9.8%에 이르렀다. 이와 같은 막대한 무역수지 적자를 계속 감당하기는 어려울 것으로 보이는데, 문제는 인도가 동아시아 경제공동체에 가입하고 공업화를 추진하면 수입이 늘어날 수밖에 없다는 것이다. 즉 인도는 동아시아로부터 부품과 중간재 수입을 늘리고, 중저가 완제품을 과거와 현재의 중국처럼 역외 지역에 수출해야 할 것이다. 그러나 중국의 산업 스펙트럼이 인도보다 광범위하다는 점에서 볼 때, 인도가 곧 경쟁력을 가질 수는 없을 것이고 인도 경제는 더욱 불안해질 가능성이 크다.

한편 2007년 아시아개발은행(ADB)은 아시아 여론 주도층 600명을 대상으로 설문조사를 했는데, 그 결과는 〈그림 3-2〉와 같았다. 즉 아시아 경제공동체가 큰 이익을 가져올 것이라는 데에는 대체적으로 합의하고 있었다. 그렇다면 누구를 대상으로 해야 하는가에 대해서는 다양한 의견이 나왔지만, 분명한 점은 아세안+3이 대세이며 아세안+6, 즉 EAS 체제의

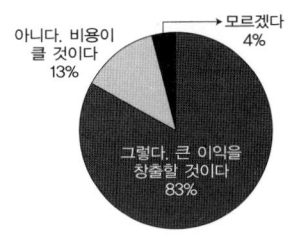

아시아 경제공동체가 이익인가?

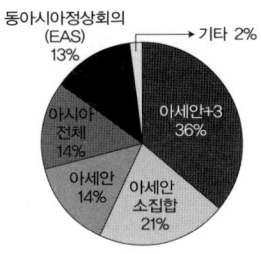

아시아 경제공동체의 기반은?

자료 : ADB (2008). Emerging Asian Regionalism, p. 21.

경우 그 비율은 극히 낮다는 것이다. 아시아 경제공동체를 구축할 기반으로 EAS 체제를 선호한 경우는 13%에 불과했고, 아세안+3 체제를 선호한 비율은 36%였으며, 아세안 일부는 21%, 그리고 아세안은 14%였다.

EAFTA에 의한 동아시아 경제공동체는 아세안+3 내에 인프라가 상당히 구축되어 있다는 점에서도 실현 가능성이 높다. 그 대표적인 인프라가 통화금융 협력이다. 아세안+3의 금융 협력 프로그램인 치앙마이 이니셔티브(CMI)는 오랜 논의를 거쳐 2009년 초 공동기금화하기로 합의하고 국가 간의 분담금 배분까지 완료했다. 이제 'CMI 다자화(CMIM)'로 불리는 이 공동기금은 몇 개의 기능만 추가하면 동아시아통화기금(EAMF)으로 불려도 무방할 것이다.

결국 동아시아에서 논의되는 EAFTA 및 CEPEA를 비교해 보면 현실적으로 CEPEA의 효과가 EAFTA에 비해 아주 큰 것도 아니며, 인도를 포함한 CEPEA는 협상의 어려움뿐만 아니라 개방의 정도에서도 상당 수준 개방 폭을 유지하기 어렵다는 사실을 알 수 있다. 결국 동아시아 경제공동체를 추진해가기 위해서는 아세안+3 국가들이 조기에 EAFTA인지 혹은 CEPEA인지 하는 논의를 중단하고 EAFTA에 집중하지 않으면 안 된다.

동아시아경제그룹 정상회의 창설

동아시아 경제공동체를 추진하기 위한 제도적 협력체로서 아세안+3을 13개 국가가 동일한 자격으로 참여하는 EAS로 전환한다는 EAVG 및 EASG의 계획은 인도, 호주, 뉴질랜드가 참여하는 새로운 형태의 신EAS가 출범함으로써 실패로 돌아갔다. 아세안+6이 참여하는 신EAS에는 동아시아에 이해관계가 있다고 믿는 EU, 미국, 러시아 등도 관심을 보일 것이다. 이런 체제는 이미 APEC의 사례가 증명했듯이 협력을 진전시키기 어렵다. 따라서 동아시아 경제공동체의 제도적 협력체로는 새로운 시스템이 필요하다. 즉 아세안+3 체제를 기반으로 하는 동아시아경제그룹 정상회의(EAEGS : East Asia Economic Group Summit)를 발족시켜야 한다. 기존에 존재하고 있는 아세안+3이 동아시아 경제공동체의 주도적인 역할을 하기를 인정하는 한, 신EAS를 그대로 유지해서는 안 되며 새로운 경제협력체를 발족시켜야 한다.

1990년 말레이시아의 마하티르 총리는 동아시아경제그룹(EAEG)을 제안했으나, 미국의 강력한 반대에 부딪히고 일본 및 한국도 찬성하지 않아 결국 좌절되었다. EAEG가 국가 간 통합이라는 점이 강조된 데 비해, EAEGS는 이보다 느슨한 형태로 가능할 것이다. 당초 아세안+3에 기반할 것으로 상정한 EAS가 국가 간의 이해관계로 변질되었기 때문에, EAEGS는 아세안+3의 대안으로 충분히 의미가 있다.

EAEGS는 역내 경제 문제에 대한 공동 관심사를 논의하는 기능을 갖도록 해야 할 것이다. 즉 무역과 투자의 자유화, 역내 격차의 해소 문제, 환경과 에너지 분야의 협력, 공동의 대외 경제정책 모색 등이 될 전망이다. 기존 아세안+3처럼 EAEGS는 다수의 경제장관 및 외무장관회의체를 둘 수 있고, 협력을 원활히 하기 위해 사무국도 설치해야 한다.

나아가 EAEGS를 원활하게 작동시키기 위해서는 기존의 아세안+3 정상회의는 폐지되어야 한다. 아세안+3 정상회의는 EAS가 원안대로 발족했다면 역사의 뒤안길로 사라졌을 것이다. 그러나 신EAS가 역외 국가들이 참여하는 조직으로 바뀌면서 아세안+3 정상회의를 그대로 둘 필요가 있었다. 역내 국가들이 EAEGS를 성공적으로 출범시킨다면 아세안+3 정상회의는 폐지되어야 한다.

누가 주도하고,
누가 참여할 것인가

협력의 심화에서 차후 확대로

동아시아 경제공동체에 누가 참여해야 하는가의 문제는 동아시아 경제공동체의 실현 속도와 관계되어 있다. 가장 핵심적인 문제는 중국이 암묵적으로 추진하는 아세안+3과 일본 및 인도, 호주, 뉴질랜드가 원하는 아세안+6 중 어느 것을 기반으로 공동체를 추진해가는가 하는 문제로 인식되고 있다. 동아시아 경제공동체를 추진해가는 과정에서 기존의 아세안+3 체제는 가장 기본적인 추진체가 되어야 한다.

그러나 여기에 중요한 두 지역이 고려되지 않고 있다. 바로 대만과 홍콩이다. 대만과 홍콩은 독립적으로 APEC 회원 자격을 갖고 있으며, 동아시아의 역내 무역 구조에서 중요한 역할을 담당하고 있다. 〈표 2-1〉에서 이미 살펴본 것처럼 2008년 아세안+3의 역내 수출 비율은 34.2%에 불과했으나,

아세안+5의 역내 수출 비율은 50.4%로 증가했다. 홍콩은 중계무역 기지로, 전자산업 중심의 대만은 동아시아 역내에서 차지하는 무역 결절로 중요한 역할을 하고 있기 때문이다.

홍콩과 대만에 대해서는 독립된 국가로 인정하지 않는다는 과거 중국의 입장 때문에 아세안+3 국가에서 제외되었다고 할 수 있고, 한 번 제외되면서 동아시아의 정책 입안자들도 당연히 제외하는 것으로 인정하고 있다.[10] 그러나 아세안+3이 동아시아 경제공동체를 추진할 때 양 지역을 제외한다는 것은 상당한 이익을 포기하는 것이나 다름없다. 동아시아 경제공동체가 작동하기 위해서는 대만과 홍콩이 참여하는 것이 더 타당하다.

아세안+3 국가 재무장관들은 2009년 5월 CMIM의 기금 분담에서 홍콩의 몫을 일부 인정했다. 즉 일본과 중국이 각각 32%인 384억 달러를 분담하되, 중국의 몫에는 홍콩의 42억 달러가 포함되어 있다(〈표 2-3〉 참조). 대만의 경우도 국민당 정권이 수립된 이후 중국과의 관계가 개선되었다. 대만과 중국은 일종의 FTA인 경제협력기본협정(ECFA : Economic Cooperation Framework Agreement)을 체결하기로 했다. 대만경제는 아세안+1 FTA들이 완전히 효력을 발휘하게 될 2013년

---

10 필자는 2010년 2월 한국과 아세안 간의 협력기구로 설립된 한-아세안 센터 정기이사회에 참석한 싱가포르 대표와 대만 및 홍콩 문제에 대해 이야기했으나, 그는 상상할 수 없는 일이라는 반응을 보였다.

경에는 동아시아 경제에서 더욱 소외될 것이다. 이는 역동적인 동아시아를 만드는 데 도움이 되지 않는다. 중국을 설득하든지, 아니면 홍콩과 대만이 가입함으로써 궁극적으로 중국의 영향력 확대를 우려할 수 있는 다른 국가들을 설득하든지 하여 양 지역을 포함시켜야 한다.

인도, 호주, 뉴질랜드의 경우 당장은 동아시아 경제공동체에 참여하기 곤란할 것이다. 호주와 뉴질랜드는 동아시아 지역과 교역 비중이 높고 제도적으로 선진국이기 때문에 아세안+3 국가와 제도적 경제통합을 추진한다고 해도 문제가 되지는 않을 것이다. 그럼에도 불구하고 이들은 아세안+3에 의한 경제공동체 추진 과정에서 제일 먼저 필요한 동아시아의 정체성 확립에는 도움이 되지 않을 것이다. 동시에 미국과 FTA를 체결한 호주는 동아시아에서 미국의 이해를 반영하는 역할을 할 가능성이 크다.

현 단계에서 인도, 호주, 뉴질랜드가 포함되는 아세안+6 체제(EAS 체제)는 구체적인 성과를 만들어내지는 못하고 국제 회의장이나 세미나의 좋은 주제 발표 거리만 될 가능성이 크다. 아세안+3 체제의 강화 없는 아세안+6은 존재할 수 없고, 설사 제도적인 틀을 만든다고 해도 경제적으로 실질적인 효과를 창출하지는 못할 것이다. 더구나 EAS에 새로운 국가들이 가입한다면 동아시아 경제공동체 형성은 더욱 어려워질 것이다. 인도의 경우 당장 동아시아 경제공동체에 참여하기는 어렵지만, 시간이 지나면 대양주 국가들과 함께 참여할 수 있을 것이다.[11] 즉 동아시아 경제공동체는 현실적으로 가능한 지역부터 공동체를 추진하고, 시간이 경과하면서 이를 확대해가는 '협력의 심화(deepening)에서 차후 확대(widening)'를 지향해야 한다.

국가의 참여가 질서 있게 심화에서 확대로 간다면 현재 개별 국가 간 혹은 소지역 간의 FTA도 EAFTA로 통합되어갈 필요가 있다. 현재 아세안은 2015년까지 아세안 경제공동체를 완성할 계획이며, 아세안+1의 FTA들이 발효되어 관세를 인하하고 있다. 이 아세안+1의 FTA를 완성시켜 나가면서 경제공동체의 기반으로 EAFTA를 출범시킬 수 있을 것이다. 아시아개발은행 연구소(ADBI)의 가와이(Masahiro Kawai) 소장과 위그나라자(Ganeshan Wignaraja)는 동아시아에서 FTA의 순차적 연계에 대한 시나리오를 제시하고 있는데, EAFTA 이후에 인도, 호주, 뉴질랜드 등이 참여하는 CEPEA가 그럴듯한 시나리오라고 평가하고 있다.[12]

동북아 주도의 불가피성

동아시아 경제공동체 추진을 위해서는 분명한 리더가 있어

---

11 이 경우 EAEGS는 '아시아경제그룹 정상회의'로 바뀌어 불릴 수 있을 것이다.
12 Kawai, Masahiro & Wignaraja, Ganeshan (2009. 8.). Asian FTAs : Trends and Challenges (ADBI Working Paper series No. 144).

야 한다. 지금까지 아세안+3 국가들은 역내 협력에서 아세안의 기득권을 인정했다. 2007년 아세안+3 제2차 공동성명에서도 아세안+3이 동아시아 공동체 형성의 주요 수단이며 아세안이 운전자라고 인정했다. 그러나 아세안에 대한 이러한 자격 부여는 현실적으로 아세안+3 체제의 실질적인 진전을 가로막는 가장 중요한 문제였다. 그동안은 아세안의 국제 협력 경험이 많고, 아세안+3 체제의 출발점이 아세안이었으며, 가장 중요한 동북아 3국이 경쟁과 알력으로 동아시아 공동체를 추진할 수 없었기 때문에 아세안이 운전석에 앉을 수 있었다.

그러나 아세안은 근본적으로 여러 취약점을 갖고 있다. 가장 중요한 문제는 아세안의 경제적 규모가 동북아 3국에 비해 절대적으로 작다는 것이다. 그래서 아세안 내부보다는 아세안 각국의 동북아 경제 협력이 더욱 활발하다. 태국의 타이항공은 하루 동안 서울에 5편의 항공기를 띄우고 있으나, 싱가포르에는 4편, 쿠알라룸푸르에는 3편, 자카르타에는 1편을 띄우고 있을 뿐이다.

또한 아세안의 역내 결속력은 일견 강고해 보이지만 실질적으로는 취약하다. 아세안은 의사결정 과정에서 내정 불간섭, 주권 존중, 합의와 협의 등 소위 아세안 방식을 중시해왔다. 이 방식이 통할 수 있었던 것은 아세안 회원국 모두가 일정한 약점을 갖고 있었기 때문이다. 즉 아세안 협력에는 한계가 있다. 예컨대 아세안 중에서 태국과 캄보디아는 국경 지역의 사원을 놓고 각각 소유를 주장하면서 대립하고 있으며, 2009년 하반기에는 축출되어 해외의 떠돌이가 된 태국의 탁신 전 총리가 캄보디아 훈센 총리의 경제 자문으로 프놈펜에 입경하는 일까지 있었다. 양국의 갈등에 대해 아세안은 성명 하나 내놓지 못했다.

아세안은 실질적으로 이질적인 집단으로 구성되어 있다. 싱가포르와 같은 고소득 국가가 있는가 하면 미얀먀와 같이 아직 폐쇄적 경제 구조를 갖고 있는 국가도 있으며, 정치 제도의 발전 단계도 서로 다르다. 기존의 아세안+1 FTA는 모두 제조업 발전 단계가 낮고 무역수지 적자가 큰 베트남, 미얀마, 캄보디아, 라오스 등에 대해 관세 철폐 일정을 늦춰주고 있다. EAFTA에서도 이러한 고려가 필요할 것이다.

아세안이 동일한 목소리를 내는 깃은 대외직으로 공동의 이익이 분명할 때이다. 현재까지 아세안은 동북아 지역의 갈등을 이용하여 이익을 취해왔다. 그러나 이제 동북아는 새로운 협력의 시기로 접어들었다. 역사적, 경제적 경쟁 관계가 하루아침에 해소되기는 어렵겠지만 과거와 같이 아세안에 휘둘리지는 않을 것이다. 따라서 동아시아 경제공동체의 추진자는 동북아 3국이 되어야 한다.

4

한국,
무엇을 할 것인가?

01

한국의 책임과 역할

주도자에서 방관자로 물러서고 만 한국

한국은 1997년 외환위기를 겪었고 아세안+3 체제에 적극적으로 참여했다. 국민의 정부 시절에는 아세안+3 체제의 기초를 마련한 EAVG와 EASG를 주도하여 동아시아의 장기 비전을 도출하고 협력 사업을 발굴했다. 그 이전까지 한국의 외교에서는 소위 4강 외교가 중요했을 뿐 동남아는 중요한 외교 대상이 아니었다. 그러나 참여정부 시기에 북한의 핵 문제가 발발하면서 한국 외교의 중점은 다시 동북아로 좁혀지게 되었고, 아세안+3에 대한 관심은 급격히 약화되었다. 물론 중국과 일본의 대(對)아세안 FTA 추진에 따라 한국도 아세안과 FTA를 체결했으나, 아세안+3을 기반으로 하는 공동체 문제에 대해서는 관심과 의지를 보이지 않았다.

아세안+3 체제 외에 예상치 못한 신EAS 체제와 CEPEA가 등장할 때도 한국은 어떤 노력을 기울여 우리가 만들었던 기본 골격을 지키려고 했는지 알 수 없다. 2007년 아세안+3 정상회의가 제2차 공동성명을 발표하는 과정에서 한국의 역할이나 영향력은 보이지 않았다. 동아시아 공동체에 대한 다른 국가들의 관심이 줄었다고 해도 한국은 큰 줄기를 붙들고 있어야 했으나, 이 시기 한국은 한미 FTA 등 동아시아 공동체 진전에 도움이 되지 않을 외교 통상 문제에 많은 힘을 쏟고 있었다.

아세안+3 체제에 대한 관심의 저조는 한국이 주도적으로 추진한 동아시아포럼(EAF) 사업 사례에서 볼 수 있다. 한국은 아세안+3이 동아시아 공동체로 가는 과정에서 싱크탱크의 역할을 할 수 있을 것으로 기대하고 산업계, 정부, 학계가 공동으로 참여하는 EAF 사업을 맡기로 했다. 산·관·학의 포럼이 동아시아 공동체에 중의(衆意)를 모을 수 있을 것으로 기대했던 것이다.

2003년 12월 1차 총회는 서울에서 개최했고 노무현 대통령이 직접 참석했다. 전직 수반으로 김대중 전 대통령, 마하티르 전 말레이시아 총리, 보 반 키엣 전 베트남 총리, 하타 전 일본 총리 등이 참석할 정도로 성황을 이루었다. 한국의 산업계 대표는 한국무역협회장이 맡았다. 다음 해 2차 회의가 열린 말레이시아에서는 김대중 전 대통령이 특별히 참석했으나, 관계 대표로는 외교안보연구원장, 재계 대표로는 무역협회 부회장이 참석했다. 각국의 참석 열기도 급격히 저하되는 가운데 한국의 재계 대표로 2006년 4차 총회에는 무역협회 전무가, 2007년 11월 일본에서 열린 회의에는 무역협회 상무가 참석했다. 2008년에는 무역협회 연구원이 대표로 참석하고, 정부를 대표해서는 무임소(無任所) 대사가 참석할 정도였다.[1]

노무현 정부에서 한국의 동아시아 전략과 정책은 사라졌다. 한국은 한미 FTA와 한-EU FTA 협상을 체결했다. 즉 한국은 동아시아 공동체가 진전되는 것을 환영하지만 전면에 나설 계획은 없는 것으로 인정되었다. 아세안+3 체제와 EAS 체제, 그리고 EAFTA와 CEPEA 사이에서 우리의 근본 프로그램 없이 대세를 따르겠다는 생각을 하고 있었던 것이다. 아세안+3 체제의 기초를 닦는 데 큰 기여를 했던 한국으로서는 무책임한 것이었고, 국제 무대에서 더 성장할 수 있는 기회를 발로 차고 만 것이다.

다행히 이명박 정부 들어 신아시아 외교 등을 주창하면서 다시 아시아 지역에 대한 관심이 높아지고 있다. 문제는 신아시아 외교라고 지칭하는 정부의 아시아 외교에서는 동북아, 아세안, 대양주, 서남아, 중앙아시아 등 전체 아시아가

---

1 중국이 주도한 동아시아싱크탱크네트워크(NEAT) 사업은 아세안+3 각국의 동아시아 관련 연구 기관들의 네트워크라는 이름으로 시작된 프로그램으로, 이를 주도한 중국정부는 NEAT 산하에 분야별로 워킹 그룹을 설치하고 각국의 참여를 동원함으로써 명실상부한 아세안+3의 싱크탱크 역할을 하고 있는 실정이다. 결국 국가의 최고의사결정자가 얼마나 관심을 갖는가가 중요하다.

포함되어 있다는 것이다. 즉 이명박 정부 역시 동아시아 경제공동체에 대해서는 구체적인 프로그램을 갖고 있지 않다.

창의적 리더국을 필요로 하는 동아시아

동아시아 경제공동체를 창설하기 위해 한국은 창의적 아이디어를 제시하는 국가가 되어야 한다. 한국은 남북 분단, 빈약한 부존자원, 좁은 시장, 낮은 자본 축적 등의 문제에도 불구하고 단기간에 농업국에서 세계적 기술 수준을 자랑하는 공업국으로 성장했다. 동아시아에서 한국보다 앞선 국가는 일본에 불과하고, 한국은 일본과 함께 OECD(경제협력개발기구) 회원국이기도 하다. 동시에 한국은 개발독재 체제에서 근대적인 제도적 민주주의를 이루어낸 국가이다. 이와 같이 경제 성장과 제도적 민주화를 동시에 달성할 수 있었던 요인은 정부의 효율, 기업 부문의 활력, 근면하고 창의적인 국민정신, 높은 교육 수준 등이라고 할 수 있다.

　동아시아 국가들은 실제로 EU에 비해 이질적이다. 경제 발전에서는 최고의 선진국에서 최빈국까지 존재하고 있으며, 정치 발전 단계에서도 제도적으로 완전한 민주주의 국가가 있는가 하면 싱가포르, 중국, 베트남 등 일당이 지배하거나 미얀마와 같이 아예 민주적 절차가 무시되고 있는 국가도 있다. 종교적으로도 불교, 기독교, 이슬람 등 다양하여 갈등의 소지가 있다. 이러한 나라들을 모아 공동체를 만들어간다는 것은 어려운 일이다. 특히 경제 발전 단계가 다른 국가들이 자유무역지대(FTA)를 단기간에 만든다는 것은 어려운 일이고, 일부 국가는 외환 자유화조차 되지 않은 가운데 금융과 공동 통화 등에 관심을 갖지 않을 것이다.

이러한 이질적인 현 상황은 한국에는 큰 기회이다. 먼저 한국경제 발전과 정치적 민주화 달성은 아직도 양자를 동시에 성취하지 못한 동아시아 국가에 하나의 전범이 될 수 있다. 남북 분단, 부족한 자원 등 동아시아에서도 최악의 조건을 뚫고 경제 성장을 달성한 경험과 민주화의 성공적인 정착은 중국을 비롯한 동남아 개발도상국들에 중요한 선진 사례가 될 수 있기 때문이다. 또한 한국은 동아시아에서 중간 규모의 국가이다. 일본이나 중국처럼 역내에서 어떤 패권을 장악하려는 시도를 하지 않을 가장 중립적인 위치에 있는 것이다.

따라서 한국은 동아시아 경제공동체를 주도적으로 추진할 수 있는 가장 적절한 국가이다. 이질적인 국가들이 동아시아 경제공동체로 나아가기 위해서는 많은 노력이 있어야 한다. 그 노력의 상당 부분은 협력의 어느 한쪽의 이익에 치우치지 않는 프로그램을 만들고 실행하는 것이다. 실제로 1990년대 외환위기 이후 한국은 EAVG와 EASG를 주도적으로 구성하도록 하여 26개 장단기 협력 사업을 발굴해냈다. 여기서 발굴된 단기 협력 사업은 2003~2007년 사이에 개별 국가들이 신청을 받아 주도적으로 실행하게 했고, 그 중 일부 사업은 지속 사업으로 이루어지고 있다. 동시에 중장기 협력 사업은 EAS와 같이 일부 변질된 사업도 있으나, EAFTA 등은 계속 논의되고 있다.

한국은 동아시아에서 한국이 가진 비교우위를 충분히 활용해 향후 동아시아 경제공동체가 완성될 때까지 모두에게 이로운 새로운 협력 사업을 만들어내도록 노력해야 할 것이다. 예컨대 분명히 1970년대와는 다른 현재 상황에서 동아시아 저개발국의 어떤 경제 성장 모델을 선택해야 하는가? 일부 동남아 국가들은 어떻게 자원을 보존하면서 성장을 달성할 수 있는가? 선발 동아시아 국가들은 고령화 사회에서 어떻게 경제적 역동성을 유지할 수 있을까? 일부 국가의 제도적인 민주화를 어떻게 추진해가야 하는가? 이러한 문제들에 대한 답을 제시하는 역할을 해야 할 것이다.

정교한 지역 정책과 갈등 관리

동아시아에서 경제적 영향력을 확대하고 있는 중국은 동아시아 시장을 활용하기 위해서라도 동아시아 경제공동체를 주도해야 할 필요를 절실히 느낄 수 있다. 그러나 중국이 이를 앞장서 주도하기에는 너무 많은 부담이 있다. 첫째, 중국이 보편타당한 문화 혹은 가치를 갖고 주변국을 따라오게 할 수 있는가 하는 점이다. 주변국의 존경을 받기 위해서는 인권을 신장하고 민주적 제도를 확립하며 국제적으로 공정한 심판 역할을 해야 하지만, 중국이 이러한 가치들을 세계 수준으로 갖추는 데에는 상당한 시간이 걸릴 것이다.

이와 같이 문명화되지 못한 중국의 경제적 부상과 영향력 확대에 대해서는 일본뿐만 아니라 다른 국가들도 우려하고 있다. 중국의 제조업 때문에 자국 경제의 건전한 발전이 어렵다고 보는, 아세안 내 노동력이 풍부한 일부 국가들은 이러한 중국의 주도를 환영하지 않을 것이다. 예컨대 아세안-중국 FTA가 2010년 들어 완전 발효되기 시작했지만, 인도네시아 산업계에서는 산업 기반의 붕괴를 우려해 크게 반발하고 있다.

둘째, 중국의 부상과 관련하여 미국과 중국의 경쟁은 지속적으로 동아시아 경제통합을 방해하는 요소로 작용할 것이다. 미국은 동아시아에서 자국의 이익을 포기하지 않을 것이고 일본, 한국, 싱가포르 등을 통해 계속 동아시아 문제에 개입하려 할 것이다. 이와 같은 미국의 개입 이면에는 중국에 대한 미국의 인식이 있다. 미국이 보기에 중국은 여전히 인권이 무시되고 제도적으로 미개발된 공산주의 국가이다. 2010년 봄, 중국에 진출한 미국의 인터넷 업체 구글은 중국에서 철수하기로 했다. 중국이라는 거대한 시장을 포기하겠다는 이유는 중국의 해킹 공격 때문이라고 하지만, 보다 더 중요한 요인은 중국 당국의 검열이라고 할 수 있었다.

일본의 경우도 동북아 지역에서 중국을 제치고 주도국이 되기는 어렵다. 과거에는 역사적 문제가 일본의 주도권 행사에 걸림돌이 되었으나, 중국경제가 압도하고 있는 현재와 미래에서는 경제적으로도 주도국이 되기 어려울 것이다. 1996년 일본의 GDP는 중국의 5.4배에 이르렀지만, 2008년에는 1.1배에 불과했다. 2010년에는 중국이 일본을 제치고 세계 2위의 경제대국이 될 것이다. 그럼에도 불구하고 일본은 자본과 기술 그리고 산업 및 기업 경쟁력에서 세계적인 수준을 자랑하고 있으며, 중국이 단기간에 일본의 산업 기술 수준을 능가하기는 어려울 것이다. 즉 현재 일본은 동아시아 경제공동체를 주도적으로 주도하기는 어렵지만 여전히 공동체의 진전을 막을 수 있는 힘은 갖고 있다.

이 점에서 한국의 동북아 내 역할은 두 강대국의 중재자 역할이어야 한다. 한국이 남북문제를 해결하지 않는 한 공동체의 주역이 되기에는 어렵다는 평가도 있으나, 경제공동체와 관련해서는 중국과 일본의 교량 역할을 하면서 동북아의 갈등 구조를 완화할 수 있을 것이다. 동아시아 경제공동체의 진전은 동북아의 협력 없이는 불가능하고, 중국과 일본 간의 협력 없이는 동북아의 역할은 제한될 수밖에 없다. 한국은 지속적으로 아이디어를 제시하여 동북아의 중재자 역할을 해야 한다. 중국이 막대한 경제력에도 불구하고 동아시아에서 선량한 이웃으로 존재하도록 설득하고, 일본이 동아시아의 일원으로서 중상주의 국가가 아닌 공동의 이익을 추구하는 선진국이 되도록 해야 한다.

실제로 한국은 일본과 중국 사이의 교량 역할을 할 수 있다. 한국의 문화는 양국에 공동으로 수용되고 있다. 물적, 인적 교류도 활발하다. 인천공항은 20여 개 이상의 일본 공항과, 그만큼의 중국 도시와 연결되어 있다. 심지어 인천공항과 일본 도시와의 연결 편은 도쿄 나리타 공항과 일본 지방 공항 연결 편보다 더 많다. 그래서 마에하라 세이지 일본 국토교통성 장관조차 인천공항을 일본의 '허브 공항'이라 부를 정도가 되었다.[2]

한편 아세안은 동아시아 경제공동체의 실현 과정에서 동북아의 주도를 두려워한다. 중국의 강력한 경제적 흡인력과 일본의 중상주의적 정책을 두려워하고 있는 것이다. 아세안은 역내 경제 발전 및 정치 발전의 격차 때문에 아세안+3 체제의 주도자가 되기는 어렵다. 그럼에도 지금까지 아세안+3 체제의 운전석에 앉을 수 있었던 것은 바로 동북아 3국, 정확히는 일본과 중국의 경쟁 때문이었다. 그러나 이제 동북아는 과거에 비해 더욱 협력을 강화하고 있다. 동북아의 협력이 순조롭게 진행된다면 그동안 아세안이 누렸던 일종의 기득권은 상당 부분 소멸될 수밖에 없을 것이다. 또한 동아

---

2 Simms, J. (2010. 1. 19). Japan cedes domestic air travel to South Korea. *The wall Street Journal Asia*.

시아 경제공동체를 추진하기 위해서는 아세안+3 정상회의를 아세안 중심의 정상회의가 아닌 13개국이 동등하게 참여하는 정상회의로 전환해야 한다. 그 결과 아세안의 소외감은 더욱 커질 수밖에 없다.

한국은 아세안과 다양한 측면에서 협력의 가능성이 있다. 첫째, 앞서 말했듯 한국은 경제 성장과 민주화를 동시에 달성한 국가이다. 따라서 아세안 개도국에 중요한 경험을 제공할 수 있다. 둘째, 한국은 동북아 3국 중에서 가장 아세안과 정서적으로 가까울 수 있다. 중국이나 일본에 비해 한국은 아세안과 이익 관계보다는 공존 관계를 이룰 수 있기 때문이다. 즉 동북아 3국의 협력 강화에 대한 아세안의 우려를 중립적인 입장에서 이해할 수 있다.

02

동아시아 경제공동체 추진 전략

장기 전략 수립

동아시아 경제공동체의 제도적 장치를 마련하는 일은 단기간에 이루어지지 않는다. 그럼에도 불구하고 한국이 동아시아 경제공동체 실현에서 주도적인 역할을 하기 위해서는 장기적인 청사진을 마련해두어야 한다. 이러한 청사진은 동아시아 역내 상황에 따라 조정되고 수정되어야 하겠지만 그 뼈대는 유지되어야 한다. 한국의 경제 외교 전략, 동아시아 전략으로서 이러한 뼈대를 갖고 있어야만 일본과 중국 사이의 교량 역할을 담당하고, 아세안의 책임 있는 친구로서 그들을 설득하고 함께 협력할 수 있을 것이다.

장기 전략으로 다음과 같은 청사진도 가능하다고 본다. EAFTA의 경우 적어도 2012년부터는 협상에 들어가는 것이 좋겠다. 이미 한국, 중국, 일본은 아세안과 아세안+1 FTA를

● 표 4-1 동아시아 경제공동체 추진 일정(예)

		2012	2017	2020	2025	2035
EAFTA	아세안+3	협상 시작 (대만+홍콩)	협상 완료		완전 창설	관세동맹 완성
	대양주		EAFTA 가입 협상 시작	EAFTA 가입		
	인도			EAFTA 가입 협상 시작	EAFTA 가입	인도의 완전 통합
아시아 통화기금	아세안+3	POST–CMI 구축 (대만+홍콩)		창설		* 단일 통화 도입(2040)
	대양주		가입 협상			
	인도			가입		
(동)아시아 경제그룹 정상회의	아세안+3	출범	(대만+홍콩)			
	대양주			가입		
	인도				가입	

발효 중이다. 상품 교역의 경우 모두 발효했으며, 서비스 및 투자의 경우도 일부 발효한 상태이다. 따라서 2012년부터는 아세안+3을 묶는 전체 FTA 협상을 할 필요가 있다. 여기에는 홍콩과 대만이 포함되어야 한다. 약 5년의 협상 기간을 거쳐 2017년 공식적으로 EAFTA를 발족시키고, 이후 인도와 대양주는 여건이 무르익으면 가입시키도록 한다.

금융 협력에서는 현실적으로 단일 통화 사용이 조기에 어려움을 인정하고, 주로 위기 대응책인 동아시아통화기금 (EAMF) 창설에 주력하도록 한다. 이미 CMI 다자화(CMIM) 분담금 비율이 결정되었고, 2010년 3월 다자화 협정이 공식 발효되었다. 사무국을 설치하고 조사 기능을 추가한다면 명실상부한 EAMF가 될 수 있다. 환율 협력은 동아시아 경제 안정에 절대적으로 필요하지만, 아직 저개발 국가들이 있기 때문에 역시 일시적으로 공조 체제를 마련하는 일은 어려울 것이다. 시간을 두고 협력하되, 동북아 3국이 먼저 협력할 필요가 있다.

동아시아경제그룹 정상회의(EAEGS)에 대해서는 아세안+3을 중심으로 곧 출범시키되, 2017년경 홍콩과 대만을 포함하면 된다. 비록 인도, 호주, 뉴질랜드를 초기 경제공동체에는 포함시키지 않더라도 장기적으로는 가입시킬 필요가 있다. 공동체에 더 많은 국가들이 참여하면 공동체의 이익은 더욱 커질 것이기 때문이다

특히 인도의 경우 2020년이 되면 생산 가능 인구는 9.2억 명으로 중국의 9.9억 명과 비슷해져 세계의 생산 기지 역할을 담당할 수 있을 것이다. 비록 단기적으로 변동은 있겠지만, 인도는 지속적인 경제 성장을 통해 2030년경에는 세계 3위의 경제대국으로 부상할 것으로 예상된다. 이 시기가 되면 인도는 중요한 소비 기지가 될 수 있을 것이다.

그러나 동아시아 경제공동체는 EU가 점진적으로 발전해 온 것처럼 순차적으로 회원국을 확대하는 방향으로 발전해야 한다. 개방적 동아시아를 모토로 하되, 대양주 및 인도는 아세안+3의 제도적 협력이 갖춰진 시점에서 포함시키는 것

이다. 대양주의 경우 2020년경, 그리고 인도는 2025년경에 가입시키도록 한다. EAEGS의 출범과 함께 아세안+3 정상회의는 폐지해야 한다. 그리고 신EAS는 전체적으로 서남아 다른 지역 및 중앙아시아 국가가 원한다면 가입시켜 아시아 전체 문제를 논의하는 장이 되도록 한다. 신EAS 회의는 매년 개최할 필요는 없을 것이다.

한·중·일 FTA 추진

동아시아 경제공동체 추진을 위해 한국이 시급히 추진해야할 과제는 한국, 중국, 일본 등 동북아 3국의 협력 강화이다. 한국과 일본은 2003년부터 FTA 협상을 시작했으나, 2004년 11월 제6차 협상 이후 중단된 상태이다. 한일 FTA에 대해서는 한국의 제조업 분야에서 주저하고 있으며, 일본은 농업 때문에 역시 소극적이다. 2008년 이후 협상을 재개하기 위한 실무자 회의가 열리고 있으나, 여전히 많은 난관에 가로막혀 있다.

한중 FTA는 민간 공동 연구를 끝내고 2007년부터 산·관·학 공동 연구를 시작했다. 그러나 2008년 6월 제5차 산·관·학 공동 연구회의를 개최한 이후 2010년 초 현재까지 진전이 없다. 2007년 11월 상공회의소가 수도권 300개 기업을 대상으로 조사한 결과, 한미 FTA 및 한-EU FTA 이후 우선적으로 FTA를 추진해야 할 국가로 중국이 기업의 규모나 진출 산업 여부에 관계없이 가장 선호되었다. 즉 전체 기업의 64.3%가 중국과 FTA를 우선적으로 추진해야 한다고 답했다. 중국과 일본의 FTA는 일본기업들이 가장 많이 기대하는 것으로 나타나고 있지만 논의조차 없는 실정이다.

한국이 중심이 되어 한일, 한중 FTA를 순조롭게 추진할 수 있다면 동북아 FTA의 전 단계로서 바람직하다고 하겠다. 한일 FTA는 중국을 자극할 수 있고, 한중 FTA는 일본을 자극하여 협상 테이블로 나오게 할 수도 있다. 사실 한일 양국의 경제적 유대 관계를 고려할 때 FTA를 추진할 필요가 있고, 한국과 중국도 상호간 FTA를 통해 상당한 이익을 얻을 수 있을 것이다.

그러나 현실적으로 동북아 FTA를 추진하기로 3국이 합의한다면 독립적인 한일, 한중 FTA는 필요하지 않을 것이다. 따라서 동북아 3국은 수순 높은 양자간 FTA보다는 다소 느슨하게 시작하더라도 일거에 동북아 FTA를 추진하는 게 더 바람직할 것이다. 다행히도 글로벌 금융위기 이후 3국 정상회의가 정례적으로 개최되면서 대화의 장이 마련되었다. 제일 먼저 3국은 FTA를 추진하기 위한 2010년부터 산·관·학 공동 연구를 추진하기로 했다.

동북아 3국의 FTA는 동아시아 경제공동체 형성에 기여할 것이다. 첫째, 동북아 협력을 강화할 수 있다. 동북아는 전자, 철강, 자동차, 조선 등에서 세계적인 공급 기지이다. 동시에 이들 산업에서 동북아 3국은 강력한 경쟁 관계에 있다. 동북아 FTA는 동북아 3국의 산업특화를 심화시켜 수평적 산업내무역을 확대시킬 것이다. 또한 제조업의 무역과 투자 확대 외에도 인적 교류를 활발히 함으로써 서비스 산업에 대한 역내 수요를 창출할 수 있을 것이다. 동시에 FTA를 통해 물적, 인적 교류가 확대될수록 동북아의 정치적, 안보적 상황도 개선될 것이다.

둘째, 동북아 3국의 FTA가 창설된다면 아세안을 자극하여 경제공동체 진전을 가속화시킬 것이다. 현재 아세안은 아세안+1 FTA를 통해 아세안을 FTA 허브로 육성하고자 하나, 이 전략은 성공하기 어려울 것이다. 아세안이 이러한 전략을 고수하고 있는 한 동아시아 경제공동체 추진은 속도를 내기 어렵다. 만약 동북아 FTA를 3국이 추진한다면, 역내 무역 투자 자유화가 완전히 효과를 내기 이전이라도 아세안에 주는 충격은 상당할 것이다. 즉 동북아 FTA는 EAFTA를 실현하는 가교 역할을 담당할 수 있다.

셋째, 현재 각 국가별, 지역별 FTA가 존재하는 가운데 EAFTA를 실현하기 위해서는 동북아 FTA가 필요하다. 즉 동아시아에는 아세안자유무역지대(AFTA)와 3개의 아세안+1 이 있다. 아세안은 AFTA를 기반으로 2015년까지 경제공동체를 만들 예정이다. 3개의 아세안+1 FTA도 일부 CLMV(캄보디아, 라오스, 미얀마, 베트남) 국가들을 제외하고는 역시 이

즈음에 완성될 것이다. 따라서 이들을 하나로 통합하여 EAFTA의 기초로 삼을 수 있다. 이때 문제는 동북아가 협력할 수 있는 장이 있어야 한다는 것이다. 바로 동북아 FTA가 그 역할을 할 수 있다.

아세안과의 협력 강화

한국이 아세안의 책임 있는 동반자가 되기 위해서는 내실 있는 경제 협력 확대가 필요하다. 현재 한국-아세안은 FTA가 발효되어 있다. 따라서 FTA의 충실한 이행과 지속적인 개방 확대를 해나가야 한다. 또한 추가적인 개방을 할 수 있는 국가와는 쌍무적 FTA를 추진히도록 한다. 태국, 인도네시아, 베트남 등 시장 잠재력이 크고 관세율이 높은 국가들과 쌍무적 FTA를 추진하고 행정적, 제도적으로 특혜관세 이용에 필요한 서류 비용 등 거래 비용을 줄이며 주기직으로 FTA 협정을 검토해 개방 폭을 확대해야 한다. 또한 향후 양측의 민감 분야도 점진적으로 축소하도록 해야 한다.

아세안 저개발국의 무역 기회 창출을 위한 노력도 추진해야 한다. 한국은 자원을 수입하는 인도네시아, 말레이시아, 브루나이에서 적자를 보고 있지만, 자원이 부족하고 경제 발전 단계가 낮은 베트남, 필리핀, 캄보디아, 미얀마 등에서는 흑자를 기록하고 있다. 예컨대 2008년 아세안 전체에 대한 흑자 84억 달러 가운데 대베트남 무역수지 흑자가 58억 달러였다.

　아세안 내 저개발국이 직면하고 있는 성장 기회는 1960년대 동아시아 신흥공업국이 처했던 기회보다 더 열악하다. 세계 경제가 더 자유화되어 있지만, 그때보다 훨씬 많은 경쟁국들과 경쟁해야 한다. 이들은 막대한 무역수지 적자에 시달리고 있다. 2008년 캄보디아의 무역수지 적자는 GDP의 16.6%, 베트남의 무역수지 적자는 GDP의 14.1%에 이르렀다. 이러한 국가들은 개방이 확대될수록 불안정해질 가능성이 크다. 이들의 경제가 안정되지 않는다면 동아시아 경제 공동체는 실현될 수 없다. 따라서 이들 국가의 무역을 창출할 수 있는 협력이 필요하다. 자원 개발, 노동집약적 경공업 육성 등에 대해 한국의 경험을 전수하고 실제로 수입을 확대할 필요가 있다.

　또한 아세안의 경제 개발 협력 모델에 대한 진지한 고려가 있어야 한다. 한국도 대아세안 ODA(정부개발원조) 지원을 확대하고 있으나, 중국 및 일본과 경쟁하기는 곤란하다. 중국과 일본은 경쟁적으로 아세안의 다양한 분야에 대규모 ODA 자금을 지원하고 있다. 반면 2007년 한국의 총 ODA 지원은 순 지출 기준으로 약 7억 달러에 불과했다. 한국은 라오스, 베트남, 인도네시아, 캄보디아, 필리핀을 ODA 중점 지원국으로 선정하고 있으나, 2007년 태국을 포함한 6개국에 대한 총 ODA 지원은 1억 3,500만 달러 수준이었다. 이미 지적했지만 중국은 2009년 기준 향후 5년 내 아세안에 250억 달러를, 일본은 향후 3년 내 메콩 강 유역 국가에만 50억 달러 즉 5,000억 엔 이상을 원조한다고 밝혔다.

따라서 중국 및 일본과 경쟁하기보다는 기술과 환경에 초점을 맞춘 한국형 개발 협력 모델을 수립하여 아세안에 지원해야 한다. 경제력이 큰 일본 및 중국 수준으로 지원하기는 어려우므로 대아세안 ODA 정책은 선택과 집중 전략이 필요하다. 한국은 대규모 자원이 필요한 사회간접자본보다는 아세안의 기술과 지식 역량 구축 및 강화에 지원을 해야 한다. 한국어 교육, 기술 지도, 직업학교 지원, 문화 협력, 장학생 선발 교육 등이 그러한 예들이다. 또한 한국의 녹색성장 지향 전략을 아세안에 전파하고 관련 분야 협력을 확대해야 할 것이다. 아세안 일부 국가는 자원 채취형 성장을 하고 있다. 이들이 자원을 보존하고 성장할 수 있는 방안을 마련해야 할 것이다.

특히 아세안 산업 발전에 기여할 수 있는 기술 및 지식 인력의 파견을 확대해야 할 것이다. 저개발국의 기술 역량을 강화하기 위해 ODA의 일환으로 기술 인력 파견을 대폭 확대해야 한다. 아세안은 오랜 협력의 역사에도 불구하고 역내의 경제적 격차 해소에 실패했고, 이를 가리기 위해 외부적으로 단결을 강화하면서 동북아 3국을 이용해 동아시아 통합의 운전석을 고수하고자 한다. 그동안 동아시아 전체의 지역 협력도 인도차이나 저개발 국가의 경제 발전에는 큰 기여를 하지 못했다. 미얀마는 여전히 경제 개방이 이루어지지 않고 있으며, 캄보디아 및 라오스는 미개발 상태이다. 이와 같이 경제적 격차가 존재하는 과정에서 경제 협력이 순조롭게 추진되기는 어렵다.

이 점에서 한국의 과학기술 정책과 산업기술 개발 관련 정책에 대한 미시적 지원이 필요하다. 아세안 저개발국으로부터 과학기술 분야의 국비 유학생을 대폭 유치해야 한다. 경제 개발 경험의 전수에 대해서는 많은 프로그램들이 실시되고 있지만, 대체적으로 한국의 특수성과 현지 사정을 감안하지 않은 개발 경험이 일방적으로 전수되고 있는 실정이다. 따라서 좀 더 현지 지향적인 프로그램을 마련해야 한다.

동아시아 국제기구의 유치

한국이 동아시아 경제공동체 창설을 선도하기 위해서는 앞으로 설치해야 할 EAMF, EAEGS 등 동아시아 관련 사무국을 한국에 유치해야 한다. 이러한 사무국의 유치를 한국의 위상 제고가 아닌, 동아시아 경제공동체 추진을 주도할 국가의 책임과 의무라는 차원으로 이해하도록 역내 국가들을 설득해야 한다. 현재 아세안+3 관련 사무의 일부를 아세안 사무국이 담당하고 있으며, 일본이 제시하여 설립한 아세안 및 동아시아 경제연구소(ERIA)도 아세안 사무국과 밀접한 관련을 맺고 있다. 향후 동아시아 경제공동체를 추진하는 과정에서 정치적 타협의 산물로 사무국 입지가 아세안 내로 결정된다면 공동체 추진에 큰 성과를 내기는 어렵다. 따라서 일부 경비를 부담하는 한이 있더라도 한국에 사무국들을 유치해야 할 것이다.

이와 관련하여 아세안+3의 EASG에 의한 단기 사업으로 한국이 주도했던 EAF의 재활이 시급히 필요하다. EAF는 정부, 산업계, 학계가 참여하는 포럼으로, 한국이 이를 시작할 당시에는 동아시아 경제공동체의 콘텐츠를 마련하는 조직으로 삼기를 바랐다. 그러나 지난 수년간 한국정부가 크게 관심을 갖지 않았기 때문에 다른 아세안+3 국가들도 적극적으로 EAF에 참여할 의지가 없었다. 이제 동아시아 경제공동체를 추진해가는 과정에서 실제로 정부, 산업계, 학계(언론 포함)가 참여하는 포럼은 귀중한 자산이 될 것이다. 특히 EAEGS를 창설한 뒤 EAF를 그 하부 기구로 두어 보좌하도록 할 필요가 있다..

동아시아 공동체를 추진하기 위해 동아시아 관련 기관을 유치하고 공동체 건설을 위한 프로그램을 작성, 제시하려면 동아시아에 대한 한국 내 이해의 폭을 넓혀야 한다. 현재 동아시아는 한국인의 삶과 경제에 깊이 연관되어 있지만 동아시아 전체에 대한 이해는 극히 낮은 실정이다. 일본과 중국에 대해서는 상당한 지식을 축적하고 있지만 동남아에 대해서는 여전히 취약하다. 따라서 동아시아의 변화 과정을 좀 더 면밀하게 장기적으로 추적할 수 있는 연구소를 국내에 설립하여 동아시아 연구 인력의 허브로 삼아야 한다.

현재 국내의 동아시아 연구는 일본, 중국, 동남아 연구로 나뉘어 있으며, 경제 분야에서 인도 등 대양주 연구에 대한 인력 풀이 부족하다. 따라서 국가적 차원에서 동아시아의 국제 경제 관계를 연구하고 정책을 개발할 수 있는 허브가 필요하다. 이는 현재의 대외경제정책연구원 기능을 일부 분리, 강화하는 형태로도 만들어갈 수 있을 것이다.

참고문헌

- "미국이 동아시아 공동체에 왜 들어옵니까." (2010. 2. 4.). 《경향신문》.
- 김현진 (2003). "동아시아 FTA의 정치 · 경제 : 일본 · 중국의 FTA 전략과 한국의 선택." 박번순 외, 《한국의 FTA 전략》. 삼성경제연구소.
- 김정식, 오정근 (2009). "글로벌 통화전쟁과 동아시아의 선택" (NEAR 재단 연구총서 No. 09-06). 아시아금융통화협력연구회.
- 박빈순 (2009. 4.). "중국의 경기부양정책과 소비시장 가능성" (Issue paper). 삼성경제연구소.
- 외교통상부 (2009. 8. 6.). "한-인도 CEPA 협상 결과."

- 石戸光 외 (2003. 6.). "東アジアにおける垂直的産業內貿易と直接投資" (RIETI Discussion Paper 03-J-009).

- Rebalancing the world economy : China, The Spend is nigh. (2009. 8. 1.). *The Economist*.
- Economic Vandalism. (2009. 9. 19.). *The Economist*.
- Japan and China - The Shogun and the emperor. (2009. 12. 19. ～ 2010. 1. 1.). *The Economist*.
- The great stabilization. (2009. 12. 19. ～ 2010. 1. 1.). *The*

Economist.

- ADB (2007). Inequality in Asia, Special Chapter Key Indicators 2007.
- ADB (2009). Asian Economic Outlook 2009.
- ADB (2009). The Global Economic Crisis-Challenges for Developing Asia and ADB's Response.
- Ando, M. (2006). Fragmentation and Vertical Intra-industry Trade in East Asia. *North American Journal of Economics and Finance*, 17(3), 257-281.
- Andriamananjara, Soamiely (2001). On The Effects of The Expansion of Regional Arrangements : An Intra-Industry Trade Model (ITC Working Paper No. 2001-02-A). US ITC.
- ASEAN (2001). Press Statement by the Chairman of the 7th ASEAN Summit and the 5th ASEAN + 3 Summit. Bandar Seri Begawan. Brunei Darussalam. 〈http://www.aseansec.org/5467.htm〉(2001. 11. 5.)
- ASEAN (2002). Framework Agreement on Comprehensive Economic Co-operation Between ASEAN and the People's Republic of China. Phnom Penh, Cambodia. 〈http://www.aseansec.org/13196.htm〉(2002. 11. 4.)
- ASEAN-Japan Summit (2002). Joint Declaration of the Leaders of ASEAN and Japan on the Comprehensive Economic Partnership. Phnom Penh, Cambodia. 〈http://www.aseansec.org/13190.htm〉(2002. 11. 5.)
- Barta, P. (2009. 7. 27.). Asian Nations Revisit Safety Net in Effort to Bolster Spending. *The Wall Street Journal Asia Online*.
- Bergsten, Fred & Subramanian, Arvind (2009. 8. 19.). America

cannot resolve global imbalances on its own. *Financial Times*.

· Bongiorni, Sara (2007). *A Year Without "Made in China"*, John Wiley & Sons Inc.

· Clinton, Hillary Rodham (2009. 7. 21.). Strengthening Partnership in SE Asia. *Bangkok Post*.

· East Asia Vision Group (2001). Towards an East Asian Community : Region of Peace, Prosperity and Progress. *East Asia Vision Group Report*.

· Erturk, Korkuta A. (2001). Overcapacity and the East Asian crisis. *Journal of Post Keynesian Economics*, 24(2).

· Government of Singapore Investment Corporation. (2009). Report on the Management of the Government's Portfolio for the Year 2008/2009. GIC.

· Greenaway, David, Hine, Robert & Milner, Chris (1995. 11.). Vertical and Horizontal Intra-industry trade : A cross industry analysis for the United Kingdom. *The Economic Journal*, 105(433), 1505-1518.

· Hill, H. (2009. 4.). Political Realignment in Southeast Asia. *Far Eastern Economic Review*, 8-18.

· IMF (2009). World Economic Outlook.

· Ito, K. (2004). Greeting from the President. The Council on East Asian Community. 〈http://www.ceac.jp/e/greetingPreisdent.html〉(2004. 5.)

· Kawai, Masahiro & Wignaraja, Ganeshan (2007. 9.). ASEAN+3 or ASEAN+6 : Which Way Forward? (ADB Institute Discussion Paper No. 77). ADB.

· Kimura, Fukunari (2006). International Production and

Distribution Networks in East Asia : Eighteen Facts, Mechanics, and Policy Implications. *Asian Economic Policy Review*, No. 1, 326-344.

· Krugman, Paul (1994). The Myth of Asia's Miracle. *Foreign Affairs*, 73(6), 62-78.

· Lee, Hiro, Owen, F. Robert & Mensbrugghe, Dominique van der (2009). Regional integration in Asia and its effects on the EU and North America. *Journal of Asian Economics* 20, pp. 240-254.

· Li, Cui & Syed, Murtaza (2007). The Shifting Structure of China's Trade and Production (IMF Working Paper WP/07/214). IMF.

· Lian, Daniel (2001. 5. 16.). Asia Pacific : First Steps in Dismantling the East Asia Economic Model. Global Economic Forum. Morgan Stanley.

· Summers, Lawrence H. (2004. 3. 23.). The United States and the Global Adjustment Process. *Third Annual Stavros S. Niarchos Lecture*. Institute for International Economics. Washington, D.C.

· Summers, Lawrence H. (2004. 10. 3.). The U.S. Current Account Deficit and the Global Economy. *The Per Jacobsson Lecture*. The Per Jacobsson Foundation. Washington, D.C.

· Wakabayashi, Dasuke (2009. 8. 12.). Hatoyama pledges not to visit Yasukuni shrine. *The Wall Street Journal Asia*.

· World Bank (1993). *The East Asian Miracle : Economic Growth and Public Policy*. Oxford : Oxford University Press.

· World Bank (2009. 4.). East Asia and Pacific Update.

· WTO (2008). International Trade Statistics 2008.

⦿ 삼성경제연구소가 SERI 연구에세이 시리즈를 발간합니다.

SERI 연구에세이는 우리시대의 과제에 대한 지식인들의 직관과 지혜, 그리고 통찰력을 담아 한국 사회가 가야 할 방향을 밝히고 구체적인 정책대안을 제시하는 메시지입니다.